社會人文 490

星雲大師與佛光山弟子們

高希均、王力行　總策畫

目錄

總策畫序

「人對，事對」的集體創作

高希均
王力行

今年九十四歲高壽的星雲大師，弘法八十年期間，創立百千座道場、學校、圖書館、美術館等，他如何治理這龐大的文教事業，以及傳承聯繫僧信二眾的心？大師曾在二〇〇六年〈怎樣做個佛光人〉以「集體創作，制度領導，非佛不作，唯法所依」做為他的指導原則，這是運用到宗教上的創見。

台灣社會近三十年來，已進入一個既少權威、也少英雄，以個人

本書策畫高希均教授（右）、王力行發行人（左）與星雲大師（中），2018年3月。

為主的年代。因此，制度難以推動，典範難以建立。影響所至，大到國家議事空轉，小至人人各行其是，「一事無成」、「缺少共識」變成了民主化的代價。此刻再度研讀與推動星雲大師「集體創作」的管理理念，雖是宗教上的思索創見，放在企業管理上、社會大眾心態上，也可以相互呼應。

什麼是「集體創作」？大師說：

這個世間不是只屬於我一個人的，一件事情的成功，需要經過多少人的經驗，多少人的智慧，多少人的辛苦，共同來成就，才能成功的。

《人間佛教語錄．宗門思想篇》（二〇〇八「香海文化」出版）

在中華文化裡，君子有成人之美，稱讚、成就別人的善行，這當中就是「人」與「善行」，所以人對了還不夠，事也必須對了（須是善行），才有可能成就一件好事。星雲大師一生奉行「以退為進，以眾為我，以無為有，以空為樂」的人生觀，凡事先要求自己，以「無我」去成就別

2003年8月31日，天下文化與「人間佛教讀書會」簽約，共同提倡閱讀。代表人左起：覺培法師、慈惠法師、星雲大師、和高希均教授、王力行發行人。

大師曾自述「生於憂患、長於困難，一生喜悅」，我們在大師的身教與言教，看到了人間佛教與佛光山安頓人心的力量。

人，我在眾中，廣結善緣。放在入世的觀點來看，他以「集體創作」的無私無我，積極開創，培養人才，成就今日佛光山叢林道場，以文化、藝術與教育弘法。

大師對集體創作的看法，充滿智慧：

集體創作是大眾，沒有個人；集體創作是共有，沒有個人；集體創作是真理，真理不是一，一即一切，一切即一，相輔相成。

集體創作的核心是方法要集中、觀念要溝通；主管必須要有屬下的擁護，屬下必須要服從主管領導。能夠「互相成就」，才能發揮集體創作，才能共成共榮。

《人間福報》二〇〇一年三月六日

「集體創作」使星雲大師有大成就，同時也使人間佛教在全球流傳。本書收錄了卷一「大師的話」這篇重要文章：星雲大師談佛光山的未來展望；卷二則是「遠見創意製作」在二〇一八、二〇一九年特別專訪了心保和尚、心定法師、慈惠法師、慈容法師、依空法師、蕭碧霞師姑、慧傳法師、永光法師、慧東法師、慧顯法師、滿謙法師、滿潤法師、覺培法師、覺誠法師、妙士法師、如常法師、覺元法師、妙穆法師，追隨大師多年的十八位弟子們，細述了人間佛教的發揚與集體創作的成就。

本書順利出版，特別謝謝特約主編項秋萍，一支筆傳寫動人的故事，吳佩穎及天下文化編輯團隊賴仕豪、陳珮真等的精心編輯，遠見創意製作團隊駱俊嘉、葉政榮、賴興俊不眠不休日夜投入，顧問楊棟樑以獨特視角，掌鏡拍攝本書封面，正是共同成就的「集體創作」，也是遠見天下文化事業群近三百位同事對星雲大師的集體敬意。

大師曾自述「生於憂患、長於困難，一生喜悅」，我們在大師的身教與言教，看到了人間佛教與佛光山安頓人心的力量。追隨與仰慕大師的海內外信徒與大眾，不能僅僅是看到與體會，更要好好地傳承與發揚。

寫於二〇一八年八月十日
二〇二〇年四月八日補正

高希均教授與王發行人率影音拍攝團隊與星雲大師合影。
前排左起為王力行發行人、星雲大師、高希均教授，後排左起為楊永妙、項秋萍、駱俊嘉、吳佩穎、廖志豪，2018年3月。

【卷一】
大師的話

我一生，
人家都以為我創業艱難，
事實上我覺得非常簡易；
因為集體創作，我只是眾中之一，
做時全力以赴，結果自然隨緣。

佛光山未來展望

星雲大師

五十年前，剛創建佛光山時，我構思了佛光山未來的整體樣貌，請中油工程師謝潤德居士協助繪製了一張草圖，西邊有佛教叢林學院、大悲殿、大慈庵；中間山脈從不二門、朝山會館、到大雄寶殿，為信徒的信仰中心；東山有大佛城、文殊殿、男眾部等建築群，與西山高處的峨嵋普賢殿遙相對應。

那個時候的佛光山這塊土還是滿山麻竹，到處溝渠縱橫，都有二、三百尺深。我曾經有心把這塊地送給有緣人，但沒有人願意接受，不得已只好自己來開山了，哪裡會想得到，五十年後，佛光山果真如草圖上的構思，都一一的建設完成了。如今，佛光山是僧團所在地，代表僧寶；二〇一一年落成的佛陀紀念館代表佛寶，今年代表法寶的藏經樓也即將完成。佛光山開山五十年，人間佛國的淨土建設，算是圓滿了。

訪美眼界寬，誓發展佛教

還記得一九七五年佛光山大雄寶殿剛落成沒多久，政府派我代表佛教前往美國參加慶祝建國兩百週年活動，我帶了二百多個團員到美國參訪，忽然眼界變得寬廣，覺得自己應該要為佛教的發展轟轟烈烈做一番事業。從此，我就立定志願「佛光普照三千界，法水長流五大洲」，不管成功與否，不為個己求安樂，要把佛法弘揚滿人間。

感謝十方大眾的護持，佛光山從無到有，逐步實現了弘法五大洲的志願，目前在全世界有三百個左右的寺院道場，所謂：「眾志成城」，在大眾僧信合力之下，我們對於佛陀終於有了一些交代。

佛館本館大門廳

上、中｜佛光山本山空拍
下｜佛陀紀念館大門

如今我九十歲了，眼睛看不到、耳朵聽不清、說話不標準、兩次中風、手腳也不方便，原本五音不全，現在更是一個「六根不具」的殘障老人，再也無法等待佛光山下一個五十年的榮景。我掛念徒眾是否能接好衣缽，團結一致，集體創作，光大佛教，續佛慧命，繼續把人間佛教發揚於全球。因此我在此對未來佛光山的發展表達一些心意，佛光山未來要靠有心的四眾弟子來發揚。希望大家都能謹記在心，繼續推動人間佛教。

千餘出家眾，在世界弘法

我從小在寺院叢林裡成長，明白教育的重要，因此佛光山蓋的第一棟建築不是殿堂，而是佛教學院。唯有培養僧才，紹隆佛種，佛教才能弘揚，得以發展。佛光山今日有一千三百餘位出家眾在世界各地弘法，可以說都是畢業於叢林學院。

大家要知道，佛教學院是弘法僧才的搖籃，需要大家共同守護。現在更要重視人間佛教研究院，在此之下有僧伽教育、信眾教育、青年教育、兒童教育等各種教育，未來佛光山的負責人要知道，唯有重視教育，佛光山才有未來。我們要培養全方位的弘法人才，配合時代需求，重視國際弘法，接引當地人士學佛，讓佛法本土化，讓當地人去弘揚佛法。

我一生有很多缺點，尤其不擅長語言，自學幾次英語和日文都不成功，但我並沒有因此而被打倒，放棄國際弘法的想法，我積極培養國際弘法人才。當有了人才，也擴大了弘法的功能；視野提高之後，弘法的腳步也就快了。唯有菩提種子遍滿全世界，才能真正實踐「佛光普照，法水長流」。

不該只清修，要關懷人間

我自許是一個地球人，奉行天下一家的理念。地球村裡，人與人之間的距離不再遙不可及，國際局勢、地球暖化、貧富差距、環境保育、人道關懷等議題，佛教徒應有所認識，積極參與，勇敢表達，關心世界有我一份。佛陀不捨棄任何一個眾生，我們出家人能捨棄人間嗎？因此，佛教徒不該只想到自己清修，而不關懷現世人間。

大家要知道，世間萬物互為緣起、互相關連，今天我們佛教徒不關心社會，明天未來社會就不要我們佛教。而所謂的出世思想，不是躲在深山叢林，而是在五欲六塵的世間，過著「佛說的、人要的、淨化的、善美的」解脫、自在的人間生活，這才是出世和入世的融和，也是佛陀傳播人間佛教的心願。一味執著在山林水邊的自我修行，就算因此得到別人的尊敬，對自己、對社會、對國家，又有什麼貢獻呢？

大學五校合一，開創歷史

培養僧才之外，社會教育也是未來努力的重點。過去佛教大多避處山林，使得信仰人口減少，甚為可惜，為了接引社會各階層人士，我在許多地方舉辦都市佛學院，但只辦佛學院、都市佛學院是不夠的，六十年前我就想要為佛教辦一所大學，我認為在台灣，天主教有大學，基督教也有大學，為什麼與中華傳統文化相即相融，與人民生活息息相關的佛教，不能創辦一所大學呢？

早年台灣戒嚴，政府不准私人設校。為此，我曾當面向蔣經國先生訴請，希望能准許佛教辦一所大學。儘管我已經請願了，但當時我在國內設立大學的條件還不成熟，因而我念頭一轉到了美國。一九八二年，佛光山在海外第一所別院西來寺開始建設，人間佛教國際化的同時，我就在洛杉磯申辦一所大學。

一九八八年，西來大學（University of The West）在美國加州成立，二〇〇二年成為美國大學西區聯盟（WASC）會員，是美國第一所由中國佛教徒創辦並且獲得該項認證榮譽的大學。這也是華人創辦的學校中，唯一讓美國政府及世界認定以中、英文共同為教學語言的一所大學。

後來，嘉義南華大學、宜蘭佛光大學、澳洲南天大學、菲律賓光明大學等相繼成立，五所大學共同組成「佛光山聯合系統大學」，五校合一也開創了歷史。

除了高等教育之外，在宜蘭創辦慈愛幼稚園、高雄市普門幼兒園、台南慧慈、慈航、小天星幼兒園；台北智光高職、高雄普門中學、南

上｜宜蘭佛光大學校景
下右｜南華大學校門
下左｜美國西來大學

投均頭國中小學、台東均一國中小學，也陸續完成；建構了從幼兒園、小學、初中、高中到大學、研究所的完整教育體系。

佛教興隆，最要重視教育

教育，是興隆佛教的根本。如果佛教沒有教育，沒有辦學，今天的佛教很難提升。唯有重視教育，佛教才有前途，才有希望，眾生才有可度的因緣。正如前中國佛教協會會長趙樸初居士表示：「佛教當前最重要的三件事情：第一是教育，第二也是教育，第三還是教育。」我與他惺惺相惜，有志一同，因此我就響應他的號召，在目前大陸還沒有辦大學的情況下，我成立了數所書院，希望能對社會人心的淨化與安定有所幫助。

佛光山可以窮困、貧乏，但教育不能不辦。未來，佛光弟子不僅要全力護持五所大學和其他社會教育系統、文教機構，還要更全面的發展。所謂「十年樹木，百年樹人」，現在百年大業才剛剛開始發芽，要讓大學的基石更加穩固，讓百萬人興學的發心得以永續。

第一屆星雲真善美傳播獎，前排左一起為高希均教授、謝孟雄先生、漢寶德先生、黃年先生、徐佳士先生、星雲大師、吳伯雄先生、成嘉玲女士、成露茜女士、南方朔先生。後排左起為覺培法師、張作錦先生、趙怡先生、姚仁祿先生、王力行發行人、陳怡蓁女士，合攝於2009年11月。

上｜大師首度將佛教的梵唄從東方帶到西方，如洛杉磯的音樂中心、倫敦的皇家劇院、巴黎的會議殿堂，甚至澳洲雪梨歌劇院等，圖為紐約林肯中心。2001年10月19日
下｜大師與參加國際青年禪學營的學員合影。2017年8月3日

大學和其他教育系統本身也要爭氣，提升教學品質，落實品德教育，積極參與各項比賽，經常舉辦各種論壇活動等，走向國際。現在雖然面臨少子化以及人口老化問題，招生愈顯困難，學校的永續經營也受到考驗。然而世界總人口並沒有減少，反而不斷的增加，大學要廣開方便大門，向世界招生，才有活水源頭。

公益基金，在兩岸都成立

一九九八年，我推動三好運動——「做好事、說好話、存好心」，近年來更大力推動「三好實踐校園」，已經有近五百所學校透過閱讀《人間福報》學習三好，還有五十部雲水書車，把書籍送到偏鄉學校，讓偏鄉孩童也能享受閱讀的快樂。佛光山也要重視，未來「三好實踐校園」不只要在台灣發展，也應該推廣到中國大陸，使大陸各省各地，讓偏遠地區的貧困兒童，都能受到雲水書車、三好校園的影響，讓三好的觀念從小扎根。

對於真善美媒體貢獻獎、對全球華文文學獎的獎勵，也要繼續維護，因為唯有正派的、教育的媒體才能救社會；唯有重視人文，才能提升中華文化，所以我在兩岸都成立了公益基金，未來佛光弟子要繼續發心護持。

我一生沒有上過正式學校，沒拿過一張畢業證書，但不代表我沒有讀書，我重視自覺、自學的教育，如果我不讀書、不識字，不能想像自己今天會是什麼情形，我體會到教育對貧困兒童的重要，因此我提倡「好苗子計畫」，希望照顧這些貧困的孩子，讓他們的才能得以發揮。此外，雲水書車的推動已看出了成果，今後佛光山的徒眾不可以吝惜金錢，我們自己空無、貧乏沒有關係，但要把信施的淨財，用在培養貧苦的青年，促進教育的發展，佛教的慧命才能延續。

以出世思想，做入世事業

過去佛教給人的印象是山林的佛教、寺院的佛教、出家人的佛教、老人的佛教、經懺的佛教、消極的佛教、出世的佛教……；今後我們要從山林走向都市，從寺廟推動到家庭，從僧侶擴大到信眾，以出世

遠見天下文化創辦人高希均教授（左四）、王力行（左二）於2018年6月3日，與星雲大師（中）及慈容法師（左五）、如常法師（左一）合攝於佛光山傳燈樓。

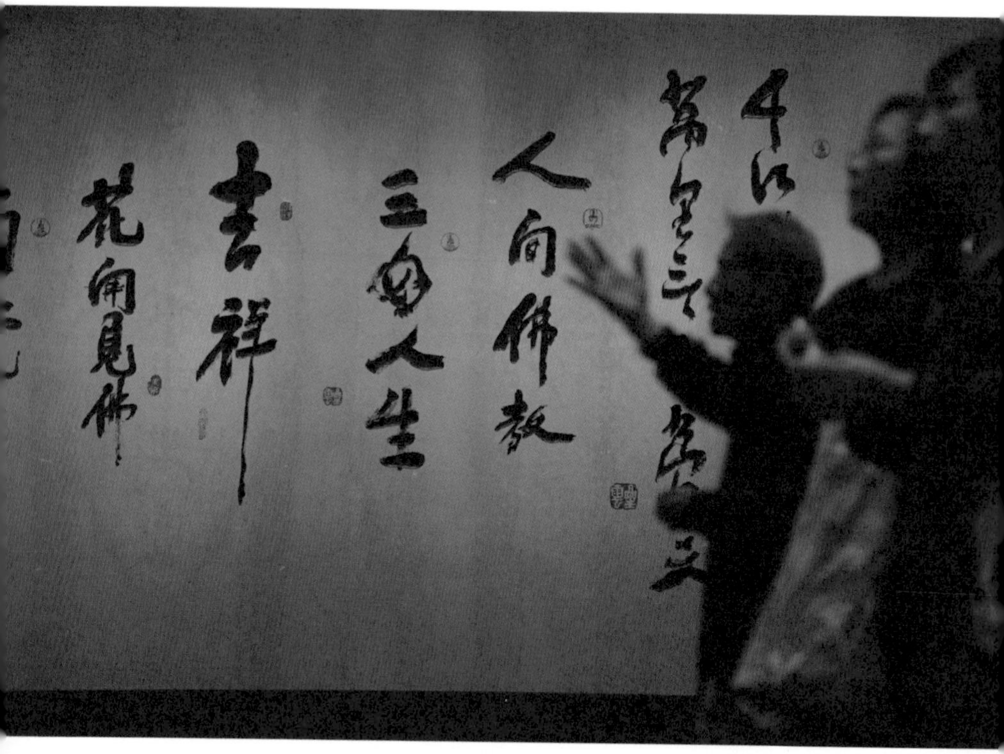

藏經樓大堂兩側，大師以一筆字書法向大眾說法，
展現人間佛教的精義，2016年8月。

的思想，做入世的事業，這是人間佛教的精神，也是佛陀的本懷。未來佛教的前途在哪裡？在我們的發心裡。佛教的前途在哪裡？在我們的人才裡。佛教的前途在哪裡？在我們團結裡；大家要有佛教靠我的精神，不要想我靠佛教，不要做一個吃教的僧侶。

二〇一五年八月由覺培法師發起的「中華人間佛教聯合總會」，於三峽金光明寺成立，當天有佛光山、福智、靈鷲山、香光尼、靈巖山、佛陀教育基金會、中華居士會等團體，教界寺院住持及社會賢達、教授學者、文官武將等佛教徒，如吳伯雄、趙麗雲、王力行、辜懷箴等在家居士近五百人參與。

「中華人間佛教聯合總會」要有新的精神、新的風格，能適合社會家庭，以生活化、人間化，甚至本土化，為佛教帶來希望。佛光山的弟子不必去主導「中華人間佛教聯合總會」，但是要給予助緣。不論個人或團體，只要自私必定會走向毀滅，造福人間必定能永遠存在，我們幫助佛陀把人間佛教還給人間，因為人間佛教是普世的、是共有的，是真正平等的，是當初佛陀的本懷。

未來「中華人間佛教聯合總會」要多和大陸佛教界交流，相互學習交流，將來能夠共同為中華傳統的佛教盡一份心力。佛教的社會主義注重共享共有的思想，也能帶給大陸的人民幸福與安樂，佛教未來就有前途了。

制度會變，民族血統不變

與大陸的往來方面，佛光山在大陸目前有宜興祖庭大覺寺、揚州鑑真圖書館等，其他文教機構在政府指導之下配合發展，也藉由素食博覽會、學術研討會、佛教論壇、清貧補助、文教推廣，如「一筆字」書法在中國國家博物院展出，《獻給旅行者365日——中華文化與佛教寶典》在人民出版社出版，都有助於當今社會世道人心的改善，可以說，我們文教的推動在各地的領導支持之下，都有長足發展。

今年我護送一尊在海外流浪二十年的千年北齊佛首返回河北，現在佛首金身合璧，象徵著兩岸和平的希望。

我們本山認同中國的歷史，在任何的情況之下，我們都是中國人，當然，佛光弟子也有來自其他的國家，我們也尊重不同國家的人，大家可以互相移民，但是不要彼此敵對，要友善、友愛對方。什麼制度都能改變，歷史文化、民族血統不能改變。

佛教也是一樣的，未來不要因為空間距離而有所隔閡，全球佛光弟子人人都要關心佛光祖庭大覺寺的發展。現在人間佛教在國家宗教局和中國佛教協會倡導下努力發展，我們也要幫忙推動弘傳。信眾的信仰教育也是重要一環，要提倡淨化的信仰，引導信眾走向正信之道。

跨宗教對話，盼和平友好

一九九八年，由西藏貢噶多傑仁波切，經過十六位法王證明的世界第三顆佛牙舍利贈予佛光山，供奉在佛陀紀念館。之後佛館連續四年舉辦五次世界宗教聯誼會，因為神道教大多數的信徒，也承認他們的神明都是佛陀的弟子。我認為，宗教之間可以和而不流，體現佛陀的「慈悲與尊重」。

因此，仗著佛陀的加持，實踐三好、四給、五和、六度、七誡、八道等，促進宗教融合、社會和諧的功能，因緣成熟下，二〇一四年

大師出席主持「佛光山第九任住持晉山陞座法會暨臨濟宗第四十九代傳法大典」，見證第八任住持心培和尚交接予第九任住持心保和尚。2013年3月12日。

籌組成立「中華傳統宗教總會」，得到諸多宮廟支持，共有四百多位宮廟代表參與。同時，我們也與天主教梵蒂岡、伊斯蘭教馬來西亞的領袖對話，最終是希望世界能夠和平、友好。

人間佛教的正信佛教徒不依鬼神，不為迷信左右，不去妄想快速成就，應該要明白因緣果報的真理，重視現實人生，落實人間佛教的生活。希望藉由「中華傳統宗教總會」的組織，讓人間佛教能夠普遍性的傳播，大家不要排斥神道教的信徒，應該要互相往來，讓每一個人的信仰昇華到「正信」，那就是對真理的崇敬了。

長遠來看，唯有將信仰落實在生活之中，提升自己的心靈，實踐於做人處世，超越、安心、解脫，所謂「人成即佛成」才是究竟之道。

佛教民主，建立制度領導

一九八五年時，我五十八歲在佛光山退位之後，現在佛光山住持已經到了第九任，我們根據傳統佛教加以更新，佛光山要能成就一番事業必須建立在「制度領導，集體創作」上。我在開山之初，即設立

靈山勝會

大師與來自五大洲之國際佛光會世界大會的2500位會員，
於佛光山藏經樓前合影，2016年10月14日。

宗務委員會，由僧團大眾學士二級資格以上者選出九位宗務委員。宗長的選舉，必定要公開、民主，由宗務委員、長老、修士以上者，共同選舉宗長，各分別院的住持，由宗委會任命。

不在宗委會的那許多修士、長老都有投票權來選舉宗長，這樣才能客觀，才能從各種方面發掘人才。所以，宗委會的宗長是由宗務委員、長老、修士推選出來的，不是只由宗務委員投票而已，但是人選要由宗務委員裡面產生。宗長是四年一任，得連任一次，經全體宗委、長老同意，可再連任第三次。

選宗長是選他的道德人格，是選賢與能，選人品高尚、不私置產業、不私蓄金錢、內修外弘者，要選有見解思想，領導團隊要公正、公平、公開，對大眾要有包容心，要有供養心，對後輩要提攜，對自己要不斷的刻苦修為，能為常住大公無私的人，才是佛光山的領導者。

誰能當選？是龍天推出，得人心者才能當選。宗長的交替是法脈的傳承，要像流水一樣世代交替，才有一股清流。唯有讓人才不斷地發揮潛能，拔擢年輕後輩，才能與時俱進，讓教團生生不息。

大小事務，宗委會擬計畫

佛光山僧團要鞏固宗務委員會的領導中心，以制度領導僧團，健全宗務委員會的各項職能。宗長和宗委們可以視社會各種的資源，要定期規畫擬定佛光山三年、五年、十年、二十年、五十年的計畫，讓四眾弟子皆能安心在道上修行，不在名利上計較，尤其大家要團結、和諧，有「佛教第一，自己第二；常住第一，自己第二；大眾第一，自己第二；事業第一，自己第二」的共識。若有徒眾對於三年、五年、十年、二十年、五十年計畫提出建議者，經宗務委員會通過，對佛光山發展有遠見及突破性的佛光弟子應給予獎勵、重視。

未來，本山大小事務，先由宗委會決定，如果遇到重大問題，則要全山大眾會議，再交由宗務堂和院會執行。每一任宗長可以對《佛光山清規》進行一次檢討，經三分之二宗務委員同意，可以修訂。它跟戒律一樣，可以修改。修改後由宗委會交給長老院簽署同意，再由宗務堂執行。

對於徒眾的外參，要開放、要重視、要訂立規章，大約幾年可以一次外參若干時日，讓他們能吸取其他善知識之長，補己之短。對於徒眾道業、事業、學業，傳燈會要積極協助關心。

教團限縮，提高素質為要

叢林有謂「鐵打常住流水僧」，來的給他來，去的給他走，不要太重視人事的定性。但是不經過本山同意，私自外參者，不可回來，除非全山大眾全體通過，才可給予方便。常住門規之一「不私建道場」，若徒眾有緣擔任友寺住持，認同本山宗風者，將來可以成為本山的友寺或派下。凡在外面行事怪異，並與本山門風牴觸者，不予以承認，也不來往。

社會很多民間團體發展太大，彼此之間或有相互疑忌、相互打擊、相互排擠的問題，本山以清貧、簡樸為宗風，行事要低調、謙和，才能光大佛法，讓佛教長存。今後不要發展過大，祖庭、寺院、分別院派下等最好在百間之內。教團不要超過佛陀時代教團千二百五十人，人數最好在五百到一千人之間，以提高徒眾教育素質為要。凡發心不夠，與眾不合，信心不足者，可以輔導他們回到社會，不要在僧團裡濫竽充數，有辱門規。

對於徒眾的升級，每年要有一次會議檢討，以示公平。徒眾的獎懲就是在這一年檢討中，予以規定升級不升級，凡常住四眾弟子都可以參加。

凡是今後在本山受法的法子，也應以本山的家風為重，不可以私自募化，不可以合夥經營商業，這是販賣如來家業，皆屬不當，會失去信徒的信心。若不能奉行者，本山可以宣布解除法系關係。如果正派奉行佛法，推動佛教事業有重大發展建設的人，可以向本山申請，本山量力補助。

佛光山、佛光會，如鳥雙翼

對於傳教的工作，各個鄉鎮縣市可以由佛光會信眾成立地區委員會，在一師一道的傳承下，讓這許多在家的檀講師、檀教師也來承擔，佛光山的教團偶爾可以去協助輔導、參與講座。其中優秀的在家信眾可以在本山或國內外道場擔任當家、知客、財務、總務等職，然而僧團人事必須採取僧事僧決，在家信眾不能參與干涉，彼此才能安住在佛道上。

人間佛教是服務的、奉獻的信仰，實踐弘法利生的菩薩道。佛光山、佛光會如鳥之雙翼、車之兩輪，在家眾與出家眾共同為常住發展效命，佛光山僧團弘揚佛法，國際佛光會護法為教。本山傳承太虛大師問政不干治，秉持非佛不作、四眾平等的原則，從事各項社會公益活動，為大眾服務，唯有如此，佛教才不會被社會邊緣化，才會給人接受，受人尊敬。

對於財務，也須嚴守清規，個人名義都不能登記分取常住的利益，即使用個人名義登記的常住利益也不能視為個人所有，佛光弟子要謹記於心，出家人憂道不憂貧，不要貪取十方信施，只要廣結善緣，為教為人，因果不會辜負我們。

本山的教育機構，如各個大學，如果我們沒有人才力量辦學，可以交給國家社會有力量的人繼續辦學，但不可以買賣。佛光山要養成一個習慣，不是只有信徒布施，僧伽只有接受，僧侶也是信徒之一，也應該要參與施捨。

凡是對佛教有功的長者、有緣人，將來可以在寺院所設立的居所頤養天年，但不可以居住在寺院，因為寺院是安僧辦道弘法的地方，不是養老院。

回憶開山 展望未來方向

未來佛光山要重視教育、文化、藝術、體育、音樂、學術、資訊的發展，擴大佛教人事的參與。注重本土化、國際化、公益化、藝文化等發展。佛光山未來努力方向為：

傳統與現代結合，僧眾與信眾共有；
行持與慧解並重，佛教與藝文合一。

回憶開山，篳路藍縷，歷經多少艱難困苦，佛光山的弟子，要記住前人的辛勤耕耘，在道業、學業、事業上，要精進，要自覺、要反省，不要放逸，不可以傲慢，僧信四眾弟子都要能秉持「光榮歸於佛陀，成就歸於大眾，利益歸於常住，功德歸於檀那」，盡形壽，獻身命，無私、無我，饒益一切有情，為人間佛教的傳播盡心盡力。人間佛教必能傳燈萬方，光照大千。

二〇一六年五月十五日

摘自《人間福報．專刊》

星雲大師一筆字弘法，長年持續為眾生而作，2018年8月。

【卷二】

人間佛教的集體創作

佛光山法師訪談錄

我掛念徒眾是否能接好衣缽，團結一致，集體創作，
光大佛教，續佛慧命，繼續把人間佛教發揚於全球。
因此我在此對未來佛光山的發展表達一些心意，
佛光山未來要靠有心的四眾弟子來發揚。
希望大家都能謹記在心，繼續推動人間佛教。

～星雲大師

人生有法無礙——心保和尚

佛光山寺住持。

大師真正「無我」，
所以「真空生妙有」。
他因無我而能承擔，
而能集眾人的因緣「集體創作」，
大師最後也是走入眾中，
成為佛陀座下佛教徒之一。

問：你在一九八八年剃度出家，一般認為出家是艱苦的路，是什麼因緣做這樣的選擇？

心保和尚：跟佛教結緣主要是環境，因為家裡面有一個家廟，我從小就跟寺廟、跟道場、跟佛法有所接觸，再加上幾位親人也都發心出家，他們也會影響我，所以我對出家並不陌生，覺得出家是很好的一條路，也可以說是一條已經明顯看見的路。因為覺得對佛法應該再深入，想去讀佛學院，當初台灣佛學院很多，但收男眾的不多，所以就選擇了佛光山。其實在讀佛學院之前，對星雲大師並不怎麼了解，進來之後，才慢慢接觸到大師，還有他的思想、理念。大師很關心我們佛學院的學生，有幾次他跟我們座談，一一詢問我們現在的情況怎麼樣，有沒有什麼需要？我可以感受到他的關心，但那個時候年紀輕，基本上也提不出什麼問題，沒有講太多話。

問： 佛學院畢業剃度不久，你就被派往國外，是自願要去開疆闢土？

心保和尚： 一九八八年，剛好美國西來寺落成，師父在那邊傳三壇大戒，這對出家人很重要，我就跟一些同門師兄一起過去，留在那邊服務了一段時間，中間再回到本山。一九九〇年，因為常住的需要，才又前往西來寺。

問： 在海外弘法，更加困難吧？

心保和尚： 第一個當然是語言的問題，語言要學習到真的可以去講課、演講，當然相當困難，如果基本的對話，這個還可以。再來就是環境的適應，認識當地的文化，了解當地不同信仰的人的宗教背景，佛教寺廟跟當地的融合，我覺得這個滿重要的。

若說有什麼困難，倒也不認為是困難，就是學習嘛！我很感謝一開始就有機會到不同的地方多看看，除了西來寺，也在紐約、溫哥華的佛光山道場服務過，因為與華人佛教徒與西方基督教、天主教徒都有接觸，從中逐漸體會到，人間佛教因為它的開放性與開闊性，比較容易被西方的文化所接受。人間佛教的思想與生活化的接引信徒方式，跟基督教、天主教完全可以融和，我們在國外舉辦宗教對談沒有困難，能夠邀請很多不同的宗教，一起來為世界和平祝福祈禱。

問： 人間佛教的弘法，跟你原先所熟悉的傳統佛教有什麼差異？

心保和尚： 剛開始，我的確也在思索人間佛教整個弘法的過程，跟傳統佛教當中的矛盾，我也曾經有一些困惑，因為一般我們講修行，開始都會偏向自我的修行，自己的修持；但人間佛教的方向，不但是重視自己，同時也重視別人，甚至把利益別人、成就眾人放在比自己更重要的位置，就是很明顯的菩薩道，菩薩行，必須自利利他、自覺覺他。當然，實踐以後，發現這也是可以同時進行的。用一句簡單的話，就是幫助別人等於幫助自己。所以大師強調「給」——給人信心、給人歡喜、給人希望、給人方便。先利他，然後自己也會有所得，這是人間佛教比較圓滿的地方。

因為大師的願力，他要很積極的把佛法傳揚出去，所以這中間就需要有很多的善巧方便，譬如多辦活動來推廣佛教，辦活動當然就需要人，就需要花時間，如果我們看清楚這一點，活動裡面就看出大師的這一份悲心願力，如果體會不到這一點，就會有煩惱了，所以這就是發不發菩提心的差別。

問：大師在全球創造了佛光山這麼大一個事業，能夠做成的最大原因是什麼？

心保和尚：大師真正「無我」，所以「真空生妙有」。無我，在佛教就是一種解脫的般若智慧，很多般若系的經典，一定講到無我，《金剛經》也講無我相、無人相，人與人之間、人與事之間，無我是最大的自在了。大師的無我精神就在慈悲上面，所謂「無緣大慈，同體大悲」，大師度了很多人，不需要認識，不需要特別的因緣，就是靠一份無我的慈悲廣度眾生，這是不容易的境界。譬如說，佛陀紀念館是怎麼蓋成的，就是無我蓋成的，大師八十多歲才蓋佛陀紀念館，他因無我而能承擔，眾人的因緣「集體創作」，所以最後能蓋成。大師最後也是走入眾中，成為佛陀座下佛教徒之一。

在菩薩道場做一個出家人看起來很平常，實則不易。「活在眾中」作務、修行，與一個人的修行是有很大區別的。一個人總是可以想如何就如何，而身在大眾中卻並不如此，要彼此合作、給人接受。況且，每個人的見識看法都不同，要放下很多個人的我見，才能安然的活在眾中。

問：就你出家三十年的體認，你覺得大師對於佛教最大的貢獻是什麼？

心保和尚：師父出家八十年，對於漢傳佛教，乃至整個世界的佛教的貢獻，主要體現在人間佛教的推廣和實踐。一般人在接觸人間佛教之前，會認為修行、念佛、打坐、苦行才是佛教。過去，我們認為佛教是比較內斂的、保守的，佛教應該是純粹修行和尋求解脫的，這些都是「印象中」歷史和社會給予我們的觀念。但是，師父卻為我們展示了更為開闊的佛教。

很多人可能會說，人間佛教算得了什麼？但要知道，在動亂紛雜的二十世紀初期，佛教面臨衰敗乃至被人詬病，師父後來就構建了人間佛教的藍圖，對傳統佛教造成衝擊，甚至很難被接受，而事實上卻為人們信仰佛教創造了更多的可能性。

相對於大部分人的保守，師父的開放性很強，他老人家的想法不斷挑戰傳統思惟。他認為，要發展佛教，應該嘗試更多的方法，沒有人界定什麼是不可以做的。

如此一來，僧信二眾弟子面臨一個問題：師父廣義的、極具包容開放的人間佛教，定點到底在哪裡？要如何把握？一般人會產生疑惑，認為人間佛教的生活佛法會跟自己的「念佛是佛教」、「打坐是佛教」有所衝突，可是，佛教的修行就該停滯在這裡嗎？念佛、誦經、打坐之後，該要如何實踐佛法呢？傳統佛教對於服務常住是認同的，但是當在服務的過程中被工作追著跑的時候，就會產生疑惑和煩惱。因此，菩薩道需要明確定義「修行」，在服務大眾和自我修行之間到底該如何抉擇，才能真正的培養菩提心、堅持菩薩道。

佛教史上的高僧大德，師父素來推崇玄奘大師、太虛大師，師父傾向於對人類做出貢獻、影響較大的高僧，因為他們是人類文明、佛教發展的推動者。可見師父要做的事，主要希望能夠普及大眾，讓更多人受用，但是，這並不是當前所有人的選擇。傳統佛教無法做到師父可以成就的事業，它內在極其矛盾：沒辦法接受人間佛教的開闊性，但是又對傳統佛教疲弱的現狀感到惋惜。

從這個角度考量，師父真的是一位特別的大師。觀察近代佛教史，也有不少前輩們，他們年輕的時候跟師父一樣思考如何改革佛教，但是，最後他們所做的跟師父卻不一樣。師父認為佛教是大家的，不是幾個人封閉起來，而是要創造因緣和條件，讓大家都可以接觸佛教、受益於佛教、並為佛教努力。

談到師父的開放性，單從建築風格上，我們看到很多寺院都是昏暗的，不只是空間很有限，就連大殿可以容納的人數也是有限的。佛光山的建築風格卻截然不同，這是因為師父的心量之寬廣。這也是基於「給人歡喜」而產生的慈悲和包容，讓沒有機會接觸佛教的人，最終能夠因為佛教而歡喜。

其實，西方文化跟人間佛教很相應，人間佛教彰顯了西方文化的開放性，對於不同文化包容、尊重，顯然傳統佛教的問題，是跟時代的封鎖性有關，為此造成我們對佛教的認同感存在偏差。

問：像大師這樣一位開創人間佛教入世弘法的宗教改革家，你覺得他能排除萬難、成功走出佛教現代化這條路的最大原因是什麼？

心保和尚：師父強調的始終是「發菩提心」。雖然，師父給自己的人生畫分不同的階段，從宜蘭弘法所具有的超前和遠見，到南部開山建佛學院，他很清楚佛教應該要如何走、走向何方。這些都建立在他看出佛教的問題，對佛教發展的深切關心，進而產生要改變現狀的願心。

我們看師父「八十年如一日」的弘法生涯，「為了佛教」的信念支撐他為每一個眾生種下得度的因緣。在佛經我們常常可以讀到，眾生得度的契機可能是小小的一個因緣，但對個人卻很重要。很多人一開始也有好因緣，但是並沒有堅持下去，根本原因就在於「為了自己」而不是真正的發菩提心，無法堅持「無我」。

師父的一生所展現的精神力，清楚的告訴我們：如果真的了解菩提心，其實做什麼都可以。說到培養「菩提心」，曾有不少人討論關於大乘佛教不強調閉關，一直強調利他，而藏傳佛教強調「閉關」成為菩提心養成的基礎。事實上，了解「無我」，才可以談大乘佛教的菩提心，閉關對某些人而言有其必要性，根器不同，行持的方法不同，其實殊途同歸。

人間佛教一向是自利利他同時進行。自利後再去利他存在一個盲點，很多阿羅漢證得解脫，斷除了煩惱，成為最有條件證得菩薩的人，但是因為沒有發菩提心而無法與菩薩道相應，確實很可惜。另一方面，如果行菩薩道的人在利他的過程中並沒有自利，也會產生很大的煩惱，因此「自利利他」並行是必要的。師父說「利他就是自利」，以此來處理二者的關係，在利他的過程中需要精進提升，把自己忘掉，最終收穫的其實是自己。

就我個人而言，在接觸人間佛教以及師父的思想後，愈來愈能明白為何師父強調「我在眾中」的意涵。畢竟理念在實踐的過程不可能一帆風順，理想與現實也會有衝突，要應對這些衝突，務必要深入到大眾中，接觸大眾、了解大眾的苦惱，才能懂得並保有菩提心。

當然，經典的學習也很重要，用佛教的方向和目標提醒自己不迷失。忍辱、精進、菩提心、還有不斷的思惟，這數者交互並用，讓我們不斷堅持著這條道路。在思惟的過程中，要避免就是行持的缺乏，因此，在工作中要接人待物，認識不同的人，我們會感覺歡喜，也就是說動靜二者不可偏廢其一。在動的當下懂得要去的方向，在靜的當下也能歡喜結緣。在「自利利他」的處理上，並不是刻意的，而是要自然、自在，該做什麼就做什麼。

師父接受的是傳統佛教的教育，但是今天我們看到師父在世界弘法，準確的抓住了問題所在，才清楚佛教現代化應該怎麼走、怎麼改進。

師父的一生，就是「為了佛教，發菩提心」！這也是我們佛光人最應效法師父的所在，若只是「為了自己」，不僅個人障礙重重、煩惱不斷，也無法帶領佛教走出一條發展之路。可以說，師父一生弘揚的人間佛教是廣闊的，是「發菩提心」的菩薩道！師父對於我們這些弟子寄予深切的期許，我們還需要不斷努力。

問：佛光山很重要的一個特色：僧信平等，這是傳統佛教比較做不到的，你如何看待這件事？

心保和尚：佛教裡面我們講四眾弟子，就是有出家的弟子，也有在家的弟子，不管是出家在家，都是一起來護持佛法。師父為了提升和堅定大家的信仰，融合更多的力量，所以創辦了佛光會，讓在家信眾有發揮的空間，對信眾而言也是一種鼓勵。這麼多年來，佛光會信眾對佛教非常發心，他們的人數以及可以做的事，很普及，很廣大，甚至超過出家眾。現在每一個人在佛光會裡面，可以說發展得相當好，全世界的佛光會護持人間佛教，發揮很大的影響力。師父也有一個譬喻：佛光會跟佛光山，就好像鳥之雙翼，缺一不可。僧信平等很重要，信眾確實替人間佛教做出了很多貢獻。

問：佛光山有很明確的傳承接棒制度，可以說是台灣佛教界民主化的表率，這對佛光山未來的永續，有什麼影響？

心保和尚：佛教在每個年代，它所面臨的考驗都不一樣，現在的時代背景就是日新月異，變化非常快速，個人和群體都要有跟上變化、推陳出新的精神。佛教一向很注重傳統，遵守基本的戒律絕對是不能動搖的，但另一方面，我們需要面對新的時代，新的信眾，必須有新的人才，來加入我們的僧團，甚至領導我們的僧團，也就是說，僧團也必須年輕化，讓符合時代變化的青年精神，帶動道場寺廟的活力，注入往前進步的力量，也可以接引年輕一代的信徒來加入。大師制訂佛光山的傳承接棒制度，從他自身親為表率，就是突破了傳統佛教接班爭議的困境，為佛光山未來的永續發展打下根基。這樣的一個模式，我覺得相當好，讓有願力有能力的人承先啟後，讓整個人間佛教有更新、更大、更多的活力。

問：你怎麼看人間佛教未來的發展，有哪些走向或哪些可能？

心保和尚：大師常講一句話：「我們一個人在大眾裡面，能夠被接受，這很重要，所以同樣的，一個宗教，如果沒有辦法被社會接受，我想它就沒有傳承。」大師看出這一點，所以他要用種種方法，讓大家可以接受佛教。除了傳統的宗教理念，大師常說以文化，乃至藝術來弘揚佛法，大家要接受就比較容易。文化藝術的範圍很廣，大家很喜歡音樂，大家接受電影，就用影音來弘法。大師也提倡用體育來弘法，我們的球隊呢，都是三好球隊，除了打球之外，也用佛教的理念，佛法的普世精神，讓大家接受、了解和肯定。

另外，大師也講到未來的弘法要有重點、特點，要精緻化。譬如說這個城市很重要，就需要設道場，是重點式的設置。譬如說這個地方它的特點是什麼，就要在那個地方充份發揮在地道場的特色與特點。重點式的設置還有一個意義就是精緻化，必須隨著時代而提升，你這個道場提升了，人家才會喜歡來，人家才願意來。人間佛教未來的發展，應該就不離重點、特點、提升、精緻這幾個方向。

二〇一八年四月採訪整理

邊磨邊學，逼所成慧
——心定法師

佛光山泰國泰華寺住持、退居和尚。

我跟隨星雲大師出家，已經超過半世紀，跟佛光山全世界的信眾都結過緣。泰華寺是星雲大師取泰國跟中華兩個字命名，它最重要的功能是辦教育，融合人間佛教發展，這個是未來規畫上最重要的。

問：你是大師最早的弟子之一，能談談跟大師的法緣和開山往事嗎？

心定法師：我非常有福氣，能夠在五十多年前追隨星雲大師，並在一九六七年五月十六日參加佛光山開山動土典禮。典禮時我還在當兵，幾個月後退伍，隔年我就開始住到山上，一九六八年二月十九日正式出家。那個時候山上的建築都還沒蓋，只有一個懷恩堂，和現在女眾學部的圖書館，學院建了一半，所以我每天的工作主要是幫忙挑磚塊、挖土、挑土，建坡崁、浴室、廁所，都是些粗重的活兒，但我身體底子不錯，當兵分派到海軍陸戰隊，尤其是在東沙群島，幾乎天天做碉堡、扛水泥習慣了，所以到佛光山做這些事情，不覺得辛苦，跟在大師旁邊也是滿心歡喜。

後來坡崁、牆壁、房舍慢慢建出粗胚，就會動腦筋想到底要建成什麼樣子，那時候也沒有什麼正式的圖，大師腦中都是有構想的，有時他就拿根樹枝在地上畫個大樣，也讓我們自由去發揮。我們學院大悲殿正對面的樓上是寶藏堂，我就想，那兩堵牆壁上總得有些浮雕之類的，但沒錢請專人來做，剛好學校有個教美術課的老師，就請他幫忙用整圈的鐵皮，拗成佛陀禪坐的姿勢，水泥攪一攪，敷上去，菩提葉子也用鐵皮折成桃子的形狀，水泥糊上去，中間打一個洞，鋼釘撐起來，下面還有一個牧羊女人形，供養佛陀，倒也有個樣子。沒想到過了五十年之後，它還在那裡，還滿耐看的。現在東禪樓的法師把佛殿重新修整，背景也是用這樣的模式，可見當初這個構想也不錯嘛，那時做出來還滿得意的。

建大悲殿的時候也遇上很奇異的事。大悲殿剛剛蓋了，裡面還沒有裝潢，只有水泥打起來的案桌。有一天山上來了一個德國客人，哥倫比亞大學人類學碩士，中文名字叫何季禮。我白天做工沒空，晚上他來找我，說希望我能夠持誦《般若心經》，他錄下來，寄回德國給他母親聽。我就在那邊就著微弱的燈光誦經，其實沒燈光也無妨，我會背。

誦完以後，何季禮在大悲殿四周繞來繞去，繞了幾遍，我問他：「你在找什麼？」他說：「剛剛你誦《般若心經》的時候有沒有聽見硿硿硿三聲大磬的聲音。」我說：「對，有喔，剛才我也聽到。」我心想，雖然我們大悲殿還沒完全蓋好，可是觀世音菩薩已經來了，護法神也來了，祂們知道何季禮非常孝順，要我為他母親誦《般若心經》，就幫我敲大磬了。

問：很有意思的經驗，後來還有類似的情況嗎？

心定法師：不盡相同，但我對菩薩護佑是絕對有信心的。佛光山開山的年代，台灣的經濟還沒起來，山上的財務也是捉襟見肘。那時候工人工資一天二十塊新台幣也無法如期給人家。管財務的是楊慈滿師姑，每次我跟她說：「師姑，要申請工錢。」「蛤，才做多少？我沒有空，我要去高雄。」就自管自走了。我也很無奈，工人逼著我要錢，有一次，工頭帶著十幾個工人還有兩隻狼犬，到了香雲堂，那時候還沒有女眾部，也沒有朝山會館，一群人圍著我，說不給錢，要把我的手砍斷。後來有沒有人來救我，我不知道，那些人怎麼走的，我怎麼離開香雲堂的，我也搞不清楚，我醒來自己身在什麼地方，也不知道，很奇怪，中間完全忘光了。

這種財務跟不上建設的事，早年經常是這樣的，可說步步艱困，管錢的人也很辛苦。我記得做大佛城的時候，大佛城紀念碑下面，要做地藏殿，我去找山下姑婆寮那邊的鐵匠，請他幫忙做錫杖，地藏菩薩像請一位趙師傅來灌漿。要人家做事，總是要簽合約付頭期款，人家說要買材料嘛！我跟蕭師姑說：「師姑，我們跟人家簽約要付訂金。」「都沒有做什麼事情，要交錢？」我沒辦法，又回頭去拜託，「趙先生，你先灌幾尊來嘛！」灌了幾尊來之後，「師姑啊，已經灌了幾尊了。」「才灌幾尊而已，就要錢啊？」總是想辦法兩邊求，但後來一步步總算圓滿解決了。

問：早年真辛苦，打下基礎很不容易啊！

心定法師：那時候各方面條件都不足，自己也不足，邊磨邊學，事情能做成都是「逼所成慧」——逼出來的智慧叫做「逼所成慧」。譬如在監工大佛城的時候，挖地基，我戴著斗笠，看著怪手挖下第一鏟土，一直到大佛完成，四百八十尊站立的阿彌陀佛像，一尊一尊立起來。佛像的手是用拼接的，遊客來喜歡照相，把佛像的手扳斷了，工人氣得半死在那裡大罵，我勸他們接一接、敷一敷，又是一尊好好的阿彌陀佛，以後工人就比較淡定了。

建淨土洞窟，我每天在那裡看他們灌阿羅漢，一千二百五十尊阿羅漢，十六大阿羅漢，沿著九品洞，彎彎曲曲的，下品下生，下品中生，下品上生……，師父說每一尊的介紹文字不可以超過一百字。哎呀，我佛書讀得不夠多，但師父指示下來，我也是硬著頭皮思考，那些羅漢要如何在一百字之內介紹清楚，九品蓮花洞那邊，也是這樣子被逼著做出來。

淨土洞窟建好，師父說上面可以做陳列館，就跟我大概講要做哪些哪些。那天晚上我就很認真的構思，到了兩、三點，整個規畫完成，洞窟動線怎麼走，舍利塔在哪裡，佛像在哪裡，淨土洞窟有九品洞，陳列館在上面，應該從這邊通到那邊，然後到果樂齋從那邊出來。所以朝山會館下面有一片水泥平地，底下就是穿過去的洞，這也是我那時候「逼所成慧」規畫成的。我沒讀建築科系，師父交代了，趕鴨子上架，絞盡腦汁一個一個想出來，是逼出來的。

建大雄寶殿也有很多趣味的事情。我監工，雖然不懂佛教的藝術，但覺得三寶佛佛像下面應該有金剛杵，應該有蓮花，有龍、有護法天；雕樑畫棟上應該有釋迦牟尼佛講經說法，有五比丘。我這樣構想，去請打造大悲殿觀世音菩薩和萬佛牆的陳明吉來做，他完成了三寶佛。他原本就是搞藝術的，為了做佛像，回到高雄，後來當選里長，又當選議員，也是善有善報。

還有，「大雄寶殿」那四個字是張大千的字，寫在A4大小的紙上，要做成超過一平方米的大字，怎麼辦？一九七七年那時候也沒有電腦可以列印出來。我去台北武昌街買投影機，把字投射出來，描一次，再投射放大，尺寸不夠，再投射，再放大，幾次以後，「大雄寶殿」四個大字就這樣土法煉鋼出來的。

問：佛光山後來發展得愈來愈快，硬體建設的擴展沒有停過，你一直擔負起這方面的責任嗎？

心定法師：若說建設的擴展，後來時代進步，人才也多，佛光山各方面都是集體創作，同心合力的，早期我是參與的比較多啦。到一九九五年，我擔任佛光山總住持，山上蓋雲居樓，我又監工了，過去的經驗還是用得上。譬如雲居樓蓋那麼高，最高的地方需要畫一幅彩繪，負責彩繪的梁先生說：「心定法師，那麼高，彩繪太小看不清楚。」我說：「我找一些書放大看看。」佛書裡有很多飛天圖形，辦公室有影印機，我放大幾次，剪接幾次，圖形到一公尺左右，接起來夠大了。梁先生就拿去試著上色，我看一看，覺得還可以，所以雲居樓最高的那一層琉璃瓦下面的橫樑彩繪，就是這樣土法煉鋼逼出來的。另外我還有一件小小得意的事，就是容納三千人一起吃飯的雲居樓齋堂太大了，冷氣要好多台，在安裝冷氣的時候，我就要求冷氣公司出風口要收音，起碼裝了六十幾個收音器。後來看到台北三峽金光明寺大殿開冷氣，聲音大得呼呼響，雲居樓那麼早建的，冷氣安靜無聲，這就是設計監工在小地方應該要留意的經驗。

問：前幾年你七十歲了，又受命大師到曼谷興建泰華寺？

心定法師：談到泰華寺，我更是感恩大師，讓我有生之年再建寺院。二〇一二年十一月十九日星雲大師在曼谷 Riverside 河邊飯店演講，演講後他宣布，泰華寺由心定法師興建。二〇一二年已經年底了，二〇一三年我就七十歲了，唉呀，真的是人生七十才開始。既然師父慈悲指示，也要使命必達，回台灣之後就以金光明寺的設計圖為底本，請了解設計的慧是法師繪圖、審核、修改，最後慈容法師代替師父拍板，譯成泰國文字，送到泰國建設局申請執照。泰國的地質鬆軟，建築要打地樁，大師的意思是，泰華寺先蓋大雄寶殿，其他的再慢慢蓋。但設計圖是整體性的，都有銜接連帶的關係，分批蓋也是不得已。二〇一四年二月一日，恭請當時副僧王頌德帕摩訶穆尼翁（Somdet Phra Mahamuneevong Amborn Ambaro）為泰華寺主持打樁儀式，並有眾比丘長老來祈福打樁平安。七百多根地樁，每一根都要打二十三公尺深。那時候聽薛顧問說，打樁歸打樁的，營造歸營造的，薛顧問監督日本佛光山總本山法水寺，很有經驗，他告訴我好多家來投標，他選擇了泰國最大的、在營造界有龍頭地位的意泰營造公司承接，他們都是做高速公路，做地下鐵，施工縝密，工程速度有效率。二〇一五年一月十二日跟他們簽約，一月二十六日動工，合約裡面說明，硬體工程二十二個月完工。他們真的是大公司，泰國雨季的時候，滿地爛泥巴，但他們什麼儀器都有，什麼車輛都有，爛泥巴中一樣能施工，真的二十二個月就把硬體結構完成了。

到了二〇一六年，我們佛光會曼谷協會會長王木嬌師姐說：「心定法師，哎呀，在泰國蓋這麼大的廟，我們泰國的信徒都沒有發一點心，真不好意思呀！」其實不是沒有發心，因為二〇一四年買了那塊地，買地跟填土花了差不多一億八千萬，信徒能出錢的大概都已經出錢了，所以大家就看著我們在那邊建。王木嬌會長覺得大家一點動靜都沒有，不好意思，無論如何要來發起一個籌款的活動，所以就決定二〇一六年七月三日，發起「供僧衣法會」，泰國話叫做（Kathina），那時候有人贊同也有人反對，因為那邊場地設備不足，也沒廁所什麼的，這樣怎麼辦法會？

但是王木嬌會長很用心，尤其他的先生鄭定沛是泰國鄭氏宗親會的理事長，人脈關係很好，認識的潮州人很多，曼谷都是潮州人掌經濟大權，他就去找人支持，那一次籌了五六千萬，實在說效果很好，況且我們又沒有可以抵稅的收據給捐款人。第二年，七月三十日，又再辦一次籌款，難度更高了，但也籌了一千八百萬左右，真是功德主發心，我們建得很順利，到二〇一八年十二月，大致接近完成。這將近四年的時間，觀世音菩薩保佑，護法龍天保佑，整個工程期間非常平安。

接著是建觀世音菩薩像，這座「吉祥金觀音」莊嚴無比，材質為銅，高度三十七公尺（十二層樓高），與佛光山接引大佛高度差不多。銅片是福建莆田做的，裝了一二十個貨櫃，從福建廈門運到曼谷，從曼谷運到泰華寺，工人一片一片吊上去，焊接，從蓮花座到觀音菩薩的金身，到頭頂阿彌陀佛的像，焊接好了裡外要磨平，我們從遠處看不準尺寸，靠近一量，光是甘露淨瓶就將近兩公尺，可以想見銅片的施工是多麼繁重。

我跟隨星雲大師出家，已經超過半世紀，跟佛光山全世界的信眾都結過緣，他們知道我在泰國建寺，就很主動的來幫忙，所以建泰華寺雖然花了不少錢，將近三千六百萬美金，工程款倒沒有缺糧過。我想這尊「吉祥金觀音」，跟中國或全世界是不能比高，但在東南亞是最高的觀世音菩薩像。泰國本地的佛教徒，一看都歡喜得不得了，祂接引了許多善緣，有主動來參拜捐獻的，有好幾對夫妻結婚很久無子女，來拜觀音菩薩後就生了小孩，都說所求靈應。泰國沒有颱風沒有地震，這尊觀世音菩薩應該可以矗立幾百年幾千年。我七十歲還可以建泰華寺，七十五歲順利建完，心滿意足，無限感恩。

問：泰華寺未來有什麼計畫？如何弘揚人間佛教？

心定法師：泰國是南傳佛教，中國是大乘佛教，泰華寺是星雲大師取泰國跟中華兩個字命名，它最重要的功能是辦教育，辦南北傳佛教學院，招收十三歲到十八歲初高中的學生。但為了也兼容社會教育，半年前我又跟大師請示，得到允許，辦了一個泰華書院，書院中可以學中文、英文、書法、古琴、二胡等等，跟中華文化有關的都可以學。泰華寺將朝匯聚南北傳佛教，融合人間佛教發展，這個是未來規畫上最重要的。

二〇一九年五月採訪整理

堅定教育的信念
——慈惠法師

佛光山開山寮特助。

跟在師父旁邊做事做了一輩子，現在終於體會，只要照著做，會做成的。但是中間不能把它做偏掉，偏掉就不行了。

問：佛教要有未來，一定要有年輕人加入，大師從很久以前就非常重視年輕人的培育？

慈惠法師：一直是這樣的。大師早期在宜蘭弘法，很多年輕人開始時只是好奇，或家裡有長輩在念佛，就接觸看看，並不是真有什麼信仰佛的決心。大師就想佛教怎麼樣留住這些年輕人？佛教有沒有路給年輕人走？我們現在回過頭看才了解，他為什麼做那麼多事，譬如辦幼稚園，叫我們在幼稚園教書，就留在幼稚園了。後來他在台北設了一個佛教文化服務處，應該說是出版社，讓慈莊法師跟我，從宜蘭到台北來，就在佛教文化服務處工作。有事情讓年輕人做，有方向讓年輕人努力，就留下來了。

問：大師一向很重視用文字弘法，他寫很多文章，出版很多書籍雜誌，做文化事業也爭取了很多弘法的費用。

慈惠法師：早期佛教信眾需要書報雜誌當精神食糧。大師辦了《覺世》旬刊，十天出刊一次。他叫我到台北佛教文化服務處幫忙，他則四處弘法奔波，可是到了每十天一次要編輯的時候，他就會來看稿。我們把寄來的稿子集中，那個時候台灣人不大會寫文章，尤其是新聞稿，大師要自己改寫然後徵求人家同意。全部都排好了，就送到印刷廠，我就到印刷廠去校對，從早上進版到晚上印出來，每一版都要校對三次。現在回想起來，會辦這個雜誌，因為大師本身就很喜歡寫東西，雖然他弘法很忙，對於編雜誌，我從沒有看他為了稿源，為了缺內容苦惱過。

師父說，更早以前他編過《人生》雜誌，內容都是很深奧的佛學，有的人訂了看不懂就沒興趣看，為了引起一般民眾的興趣，他就去寫《玉琳國師》，寫《無聲息的歌唱》這種比較通俗的文章，在雜誌連載，讀者看了這一期，下一期還想看，用以增加訂戶，擴大弘法的方便。所以大師一支筆寫得勤，寫作上沒有覺得困難過，我跟著編《覺世》也很定心，編了這麼久，從沒為稿源不足傷腦筋，因為沒有人寫文章，大師就能立刻自己寫。

問：大師的弘法方法，在當年很先進。如你所說，要對一般人講很深的佛法，等於把人推出去，不是留住；可是大師的人間佛教，一路以來都能用一些創意的方式，來引導大家進入佛法。

慈惠法師：開始的時候，也並沒有特別標榜說「人間佛教」，但大師有一個基本觀念，就是佛教要讓人懂，要讓人覺得有用，這很重要。所以大師演講，就不斷在思考讓人懂的方法。有時候怕聽眾不懂，演講結束後就穿插一些節目，歌唱、戲劇、表演，想辦法讓人懂佛法，需要它。有人問師父什麼是「人間佛教」，他說：佛說的，人要的。他認為再好的東西卻沒人要，就是沒用。譬如這一道菜我知道很好，但是我如何煮出你想要的美味？讓很好的佛法被大眾所要，這是大師最根本的觀念。所以做任何一件事情都是這樣，寫文章要人懂，演講要人歡喜，凡事就是要適合大眾，適合這個人世間。

問：大師是給的哲學，喜結善緣，所以「四給」也是環繞著與人為善的思想。

慈惠法師：的確，與人為善，廣結善緣，已經成為大師整個人很自然的流露，如果以修行來講，應該已經修到任何一個舉動、任何一句語言，揚眉瞬目間都讓人有「與人為善」的感覺。但有時候也難免有人利用他的這個弱點占了便宜，可是他知道了以後，一點都不難過，他認為與人為善就是一種給的精神，是對的。

現在大師說「四給」，給人信心、給人歡喜、給人希望、給人方便，當然範圍更寬了。早年剛到宜蘭生活困苦，大師就不吝於給。大師寫文章，海外崇拜他的讀者很多，那時香港、菲律賓生活比較好，讀者就寄派克二十一型鋼筆之類的東西送給他，他收到馬上就轉送給我們這些幫忙做事的人，「這個給你！」

那時我還沒跟隨出家，大師就給了我很多的筆，我說這個很名貴，買不到的；他說因為你的字寫得很好，我願意送給你。對年輕人，這真的是很大的鼓勵和歡喜。

到現在也是這樣，一有東西，就想這個給誰，那個給誰。能夠給人方便的，他都給人方便，處處與人為善，大師本身就是這樣的性格。

問：惠師父是大師最早期的弟子之一，對大師做事的過程很清楚，是不是大師把教育這塊很重要的規畫，請你承擔任務，幫助他完成。

慈惠法師：大師很早就成立了佛光山文教基金會，它的宗旨就是做佛教的學術跟教育。師父想做的事情，最開始我幾乎都覺得不可能，比如說辦大學，那要多少的錢哪！我們又不是企業家，一下子能有多少收入？靠信徒發心捐獻，是沒有辦法事先預料做預算的。可是師父他就有信心，有願力，我就想，既然我是徒弟，只要師父交代的，儘管心裡覺得不可能，還是要接受，我要照做，一路上就這樣做下來。

說到教育工作，我是從宜蘭的幼稚園創園的園長做起，後來到佛光山的普門中學，也是創校的校長；之後到了辦佛光山的佛教學院，還有辦大學，幾乎都是沒有錢的狀況下去做的，我當然很擔心。

可是不可思議，只要照師父的意思做，都可以過得去。後來愈來愈感受到，大師這麼重視教育工作是有道理的，眼光是很長遠的。

當年來佛光山，師父不是蓋廟，是要辦學，在佛教裡面辦學，大家不是很理解，所以支持度不是很高。但他做了以後，人家就慢慢看懂了，就很支持。

佛光山當年，如果不是從培養人才做起，今天各方面的事業就沒有人。台灣的佛教現在很興旺，可是仍有很多的寺廟後繼無人。佛光山沒有這個問題，師父最大的智慧就是早早注重人才的培養，所以今天在全世界五大洲，有這麼多的弟子可以去做，去承擔。他們在外面每一個人都在拚，而且可以說拚得很過分，大大小小的寺廟都努力在做。到了最近幾年師父常講：「不要這樣拚，一個禮拜總得留下一、兩天，關起門來自己自修。」還是沒有人肯關門，還是在拚。其實天涯海角也沒有什麼考核制度，也沒有人去監督、督促，為什麼這樣努力？後來我發現，是因為教育，出家的時候給予一個很明確的教育，我今天出家是做什麼？那我要怎麼做？這些觀念在整個養成教育裡面賦予了，扎根了，做事就不必再去督促，他自己就拚得不得了。我現在都覺得好笑，為什麼要這樣拚，不肯放鬆一點？

問：從外界看來，大師對於人才的培育，對於群體的管理，都非常高明。有一次曾經請教大師，你怎麼管理？他說我不懂管理，但是我懂人性。

慈惠法師：

佛光山的管理，是從教育而來。在佛學院裡面，已經在生活上很注重管理，而且這個管理，除了生活作息，對於怎麼修行，甚至職務怎麼分工，基本上已經養成了。所以學生出來以後，一切都有規律，遵照制度。

在佛光山，一切自然融合沒有被管理的感覺，譬如說有一個人在這裡住了一陣子，我們突然遇到他，不知道他在這裡的任務是什麼，或者居留多久，但是我們只要問他一句，你在佛光山住在哪裡？我們就知道他是長期住的、還是短期來訪的。因為長期的呢，終身有終身的區域，短期的有短期的區域，或者來一、兩天也是一定的安排。從住到哪一個區域，就知道他是在這裡多久。

時間、空間、應對進退上的井然有序，是傳統寺廟就有的樣子，有這裡面的倫理，所以從教育養成，學院出來進入到工作崗位，自然就是這樣形成了。

問：大師也常強調，佛光山不是他的貢獻，是集體創作。這是客氣，還是他希望大家充分發揮團隊力量？

慈惠法師：集體創作是對的。台灣有很多佛學院，有很多寺廟，譬如說某個佛學院的畢業生很優秀，可是他就一個人，他回到寺廟裡面沒有辦法發揮。佛光山就不同，他畢業後要經過很多不同的歷練，跟同門配合，有繼續成長的空間和機會。

最初辦佛學院，師父一直交代我，佛學院不可以對外去募款，我說學生的學雜食宿全免，又要師資鐘點費什麼的。師父說佛光山本身就應該支撐這些，培養這些孩子，不應該依賴信徒。這麼一來，自然產生一種使命感，覺得自己應該要承擔一點，每個人都這麼想，都清楚自己應該做什麼，力量就出來了。

問：大師已是九十高齡，身體也動過幾次手術，他為什麼有那麼堅強的意志，還繼續做那麼多事？是什麼樣的力量，讓他能夠一再的克服困難？

慈惠法師：師父說，「我一生只做和尚這一件事」，又說他自己是「破船多攬載」，他一直相信「破銅爛鐵也能成鋼，殘兵敗卒也能打勝仗」，很習慣在各種不方便，有很多限制的環境之下做事，所以他生了病也不願違背已經答應別人的承諾，繼續在奔波，只是動和靜的比例做了些調整。

師父喜歡做事，也喜歡讀書，喜歡寫東西，這些喜好，到了他眼睛看不見，手發抖，沒有辦法做了，諸如此類的，對他而言是最大的失去，可是我發現他沒有為此悲傷或痛苦，他轉移調適得很好。他看不見，現在讀的書比我們多，因為他叫人家念書給他聽，早上也念，晚上也念，報紙也念，新聞他都知道。

手抖不能寫文章，他就口述，讓人記下來，而且他的口述很暢順，幾乎就是一篇文章，不需要什麼改動，所以，生病帶來的困擾、不方便，他很自然的自己把它解決了，轉移了。儘管生病的身體是不舒服的，師父的寫作、工作，一樣不變，建佛陀紀念館的時候，他是坐著輪椅在跑工地，到現場解決問題。那些工人看到了感動得流淚，心想在這裡怎麼可以不認真工作！

其實，師父一生經常遇到挫折，但對於困難的事情，外界來的障礙等等，好像他都不當成是問題，他能夠調適自己去化解，而且也不抱怨，很多事最後自然而然的解決了。

問：最近佛光山整理出大師相關著作三百六十五冊，這是很大的文化工程。

慈惠法師：對，師父很重視文字的傳播力量，剛才講了，他一生在任何環境下，都照常寫作，這三百六十五冊著作，是慢慢累積而成，內容應該很精采的。

我知道每一本書背後的故事更精采，譬如《星雲日記》、《海天遊蹤》。大師寫《海天遊蹤》時，我剛好在編《覺世》旬刊，十天出刊一次，師父每十天要從海外把寫好的稿子寄回來，那時沒有傳真機，沒有電話，也不能打電報，師父跟著訪問團在旅行，要演講又要弘法，每十天寫來一大本的文字稿，從沒有脫過一期，我們做編輯那時最大的盼望就是師父的稿子順利寄到。旅途上當然有很多不便，有時連一張桌子也沒有，可是都能應付自如。其實師父平常寫稿也沒有一張自己的書桌，更沒有書房。後來信徒多了，大家看到師父是一個寫作的人，怎麼連張書桌都沒有，就很貼心，做了很大的寫字桌子給他，大概有兩、三次信徒都這麼做，可是師父都沒有真正去使用。信徒做來的桌子都相當考究，師父用不著，後來就轉送到別處了。

我很佩服師父在哪裡都能寫文章，我們寫文章的人都講究什麼靈感，講究寧靜，講究這個思路那個連接，不能切斷不能受打擾，師父都不講究，尤其現在他用口述，他在念，妙廣在記錄，一下子這個徒弟跑過來：「師父，現在有一個人說要來訪問你，你要不要答應？」「好！」他就陪客人講話。講完了，又繼續口述，又繼續寫。過一會兒又跑一個人來：「師父，那個工程，你說怎麼樣怎麼樣。」「這樣子哦，好！」繼續口述沒幾句，又來，然後呢……總之，中途插進來的事情不但多，而且類別不一樣，一下子是工程，一下子是徒眾，一下子是訪客，一下子什麼，在這樣的情況下，我從來沒見過他生氣。有時候我在旁邊都要火起來了，我說：「你們體諒一下好不好？在那邊等一下，等他這一段念完。」他說：「沒有關係，無妨。」我最佩服師父這點，他不怕思路被打斷，立刻銜接，而且寫出來的又是那麼順暢，這個功力我們實在不能及。

問：

你跟著大師那麼多年，看到佛光山整個的發展，大師到全世界弘法，建立那麼多道場，辦那麼多學校，做那麼多事業，這些是你們當初跟隨大師時就想像得到的嗎？會不會覺得大師真的很厲害？

慈惠法師：完全想像不到，但就一步步做起來了。跟著師父做事，很多事他第一次講出來時，我心裡就會覺得，這個有可能嗎？可是我不敢講，因為我是弟子，只能擺在心裡。可是就很奇怪，只要照著做就是做得出來。

舉一個例子，譬如佛學會考，師父想要讓佛教徒學習看書，學習懂道理，他就來一個佛學會考，希望大家讀了書之後要考試，要我承辦這件事。我每一次去宣導要考試，所有的信徒就笑，說他們每個人都怕考試。誰願意考試呢？所以我儘管努力做了，考試的時候恐怕來的沒幾個。有一天我就跟師父說，可能沒有太多人應考。沒想到他竟然跟我講一句：「你有本事弄個十萬八萬來會考。」我想，我一百個都做不到了，哪能有十萬八萬？當然我不敢反駁，因為是對師父，我只有想辦法去動腦筋。

後來就想到，必須一次就要找到千百個才可能累積到萬人，只有找學校最好。可是學校誰願意辦佛學考試，學生本來就怕考試，高中也不可能，學生要拚聯考，初中的要拚高中入學考，只有小學有可能，但小學生看得懂佛學嗎？後來我就想到了「漫畫考試」，把所有的題目畫成漫畫，而且很生活化，就像師父的人間佛教一樣，不要使用深入的宗教用語，儘量有趣。然後我到各個學校去推。

那個時候也很幸運，有一個信徒會做動畫，過去有個卡通大力水手卜派，就是他的公司做的。他來幫我忙，設計了很多漂亮的貼紙，很有水準的，我就拿去跟小朋友說，你如果來參加考試這個貼紙就給你。結果前前後後真的來了一百萬人，考卷用卡車運的。這是一個例子。

再談建大學的例子。師父很早就立下心願要辦大學，可是機緣不成熟，過了一段時間終於核准了，師父希望信眾參與，每人每月捐資一百元建大學。我心想，一百元怎麼可能建大學，每一所大學都是要幾十億，這個一百元怎麼去堆呢？可是竟然辦出來了，而且最令人高興是有那麼多發心的義工，他們那麼歡喜，了解原來做好事並不困難，開開心心的幫忙去找這個一百元。一個老太太，六十幾歲了，天天固定搭公車去收錢，有一天司機就問，你怎麼每天到了這個時間就搭我的車，老太太說我幫師父建大學。司機一聽感動，「一百元！那我也來參加你的。」後來連小朋友也說：「一百元，我的零用錢夠捐。」那些捐了一百元的小朋友，現在也有來讀佛光大學的。所以這件事情不但做成了，裡面還成就了很多美好的人間因緣，讓大家看到這個社會善良的人還是很多，有心的人還是很多。所以師父的想法都是比較寬闊而正向的，用歡喜心帶動大家。

跟在師父旁邊做事做了一輩子，現在終於體會，只要照著做，會做成的。但是中間不能把它做偏掉，偏掉就不行了。

問：那未來呢？大師有交代弟子，未來怎麼繼續去弘揚人間佛教？

慈惠法師：人間佛教的路線我們很清楚，要走入社會，走入家庭，真正讓人家感覺到這個信仰有用。佛光山五十週年的時候，師父寫了一篇〈佛光山未來展望〉，裡面有幾句很重要的話，第一，即使沒有飯吃，也不能放棄教育的工作，教育很重要。再來，出家眾要過清貧的生活，佛教才能得救。尤其他有一個很特別理論。我問師父，辦大學花了那麼多錢，怎麼辦呢？他說辦大學，就是讓佛光山窮。我再問佛光山窮怎麼辦？他說窮才可以救佛光山，因為窮，你才會努力，才會想要拚。

問：佛光山的出家人的確很不一樣，出家不只清修，而且要走入生活，走入人群，走入社會。這是「人間佛教」的精神嗎？

慈惠法師：佛教原來的思想就是這樣。我們去看歷史，能夠在這個世間存在，一定是跟每一個時代的人的需要有關係；如果不被需要，早就淘汰了，早就在時間裡消失掉了。佛教能夠延續也是這樣，永遠是走入人間，如果與人世間沒有什麼關係，一個時代的人不覺得你的存在是有用的，那就不可能延續。所以師父這個「人間佛教」的方向，不但是佛陀的本懷，也可以說是佛教要流傳、命脈能保住的重要關鍵。

問：大師說，他現在最關心人間佛教的未來。對於未來，有什麼特別掛心的事情嗎？

慈惠法師：師父應該不會有什麼掛念、放心不下。他對生死非常灑脫。師父對於整個佛光山應該有的運作，制度也好，人事也好，都定了，也已經交代得很清楚。我跟師父想法一樣，下一代怎麼做，真的不必我們去掛念，那不是能預料的。

不過師父有一句話，他不希望佛光山往後一直膨脹，甚至應該要縮小，因為佛法本來在經典裡面就講得很清楚，這個世間叫做「成、住、壞、空」，一個東西成立了，它存在了一段時間，接著就會慢慢衰退，然後就是壞掉了，之後再起來，它本來就是一個循環。佛教也是這樣，到了某個階段，只能保住它不要落後得太厲害或者消失，還是有起來的希望。所有這一類事情，師父都有交代。當然他也掛念，但不會說掛念到放不下，師父的性格不是這樣。

問：佛光山現在全世界各地有那麼多的別分院，大師曾說過，長老都會協助大家，協助住持的師父儘量的撐起來，但如果撐不起來的時候，也可以交給別人。

慈惠法師：是的，所以我說師父很灑脫。舉例講，佛光山在台東有一個均一小學，後來就交給嚴長壽先生主持，當然山上也有人持不同意見。那些學校當初都是我籌設的，應該最有意見的是我，但是我非常贊成，因為師父有一句話：「辦學校是為社會、為大眾，如果我們沒有能力，應該要交給有能力的人去辦。」所以我覺得交給嚴先生很對，的確人家做出了成果。我們最該學習師父的觀念和胸襟，所有事原本都不是為自己，是為社會；只要對大眾有利，交給有能力的人去發揚光大，當然是對的。

問：大師有胸襟、有遠見，他也講過，佛光山年輕一輩的弟子，若有很大的能力，也可以去另立分燈法脈。

慈惠法師：就佛教幾千年的歷史來看，分燈本來就是有的，而且有時候另外創宗立派也不是背叛。我是研究教團史的，佛教發展中因為環境、區域、民情風俗不一樣，必定有不一樣的需求產生，這個要諒解。假如佛教沒有這個胸襟，當初在中國就不能生根；如果硬要堅持印度的那一套，傳揚會遭遇困難。佛教本身是有這種體制，能夠包容，好處是到不同的地方能夠生根，缺點是容易摻雜了一些雜質進來。

最近師父才說過，中國佛教分成十個派系，不過佛教的派系，從印度到現在，裡面沒有戰爭，只是理念不一樣，想法不一樣，但根本精神沒有差別。

二〇一八年三月採訪整理

創新文化的妙意

——慈容法師

國際佛光會世界總會署理會長、佛光山傳燈會會長。

師父教導我們出家人，
誦經念佛不是念給佛聽的，
社會人士大家都是未來佛。
要想出大眾能接受或是有興趣的方法，
譬如用體育也能弘法，
在佛教界過去沒有人這樣做。

問：你是大師最早期的弟子之一，出家的時候很年輕吧，是怎麼開始結上佛緣？

慈容法師：那個時候十七、八歲，剛從宜蘭的學校畢業，還沒有工作，聽人家講寺廟裡面有合唱團，就去參加了，同學、朋友知道了都很奇怪的問：你怎麼會在寺廟裡面，你信佛教了？我趕快解釋，我不是信佛教，是去參加合唱團。那個時候的觀念，年輕人可以參加合唱團，去信佛教就沒面子，好似怎麼年紀輕輕的好像沒事做了，走到老人家的地方去？事實上什麼叫做佛教，那時根本不懂。師父為了要讓年輕人接觸佛教，就作了很多歌詞，請人家譜曲，他本身不會唱歌，請了老師來教，他則是說明歌詞的意思，藉這個機會讓我們慢慢懂得佛法。那時宜蘭寺廟很小，除了平常上課，大型聚會的場地很有限，所以師父會到社區、鄉下去佈教，借廟門口廣場，讓我們這些年輕人先上去唱歌，然後他才演講，這種表演我們滿有成就感的，過去好像也沒有機會上台。

記得在民國四十四年，大師帶著我們，跟幾個老和尚一起環島弘法佈教，因為那時台灣還沒有《大藏經》，這個團是為了影印《大藏經》做宣傳，經過這四十四天，慢慢覺得接觸到佛法了。

問： 你歌唱得很好，每次聚會活動大師都說：「容法師你唱一首歌。」

慈容法師： 其實我歌喉原本並不好，也不是很會唱歌，但我是覺得自己有所改變。因為有一回週末的共修念佛，拜完佛之後，坐我隔壁的一個老太太就說：「跟你坐在一起真好，你念得、唱得很大聲，我就跟得上，我唱得很歡喜，念得很歡喜。」當下我就想，原來這樣唱念，會帶給她歡喜。從此聚會的時候，我拜佛念經唱誦更認真、更專心，也許慢慢懂怎麼樣運用吧，不知不覺聲音就改變了。

問：我們跟大師請教，聊天時他最常講的就是「自在、自由」，一切現象他都能包容，一切他都能放下，大師一直以來都是這樣嗎？

慈容法師：是的，師父的個性裡外一如，不會嘴上講一句話，內心是另一種感受，他一輩子工作辛苦不要緊，因為他願意做，願意奉獻，在教界，他為了弘法，或為了完成工作，受到很多委屈，但他從來沒有叫過苦。譬如說早期參加佛教會，很多人喜歡師父所做的事情，可是佛教界看到他不以傳統模式，而是以比較創意的方式做弘法工作，有些人看不慣，或對他的能力嫉妒，就排斥他，但他從不氣餒。師父對我們的教育，也講「不要怕吃苦，苦是營養，苦是養分，受苦受委屈會讓一個人更有力量」，這就是他本身的感受和體驗，不是隨便講講的。

近年師父對生病的苦也是體驗深刻，他從來沒有叫過苦。你問他：師父，累不累？苦不苦？痛不痛？他說不會，其實他動過幾次大手術，開過心臟手術，早期不是只開兩個洞而已，手術複雜得多。最近這一次，開腦部，也是大手術，他沒有叫苦。有一年夏天，在浴室裡面摔了一跤，身上必須打四根釘子，現在每過海關，儀器都會響起來，必須解釋「身體裡有釘子，沒辦法。」

師父對冷暖寒熱從不在意，但畢竟年事已高，有一次在揚州演講，正逢嚴冬，我們說：「唉呀，師父，揚州好冷！」他說不會冷。一陣寒風灌來，師父就講：「欸，真的，冷不怕，怕風。」師父有幾句話都是他本身的體驗：「冷不怕，怕風」；「病不怕，怕痛」；還有快過年了，「窮不怕，怕債」。

師父過去曾經講過，人家看到佛光山以為很有錢，其實是佛光山用了很多錢，有錢是福報，用錢是智慧，用掉錢讓佛光山窮，是一種智慧。前兩年在〈貧僧有話要說〉專欄裡面，師父就講了，「我用錢都是用在哪裡？不管辦教育也好，辦文化也好，辦慈善也好，我用錢是為社會服務。」的確，一個人一生能夠辦一所大學就很了不起了，師父一生辦了五所大學，維持的經費很可觀，非常不容易。

不只辦大學，他又辦孤兒院，又辦養老院，都是花錢的，但是他願意，他很歡喜。

尤其是早期，佛光山剛剛開山的時候，他就辦養老院，因為那時在佛教會，從大陸來的一些人，不管是出家的、在家的，都是單身過來，當時或許還年輕，但之後慢慢老了，沒兒沒女的難有依靠。師父就講：「不要緊，你們都是拜佛的，老了如果不嫌棄，我佛光山伺候你們大家，你們可以住到佛光山來。」但是聽到這話，有些人反過來怪他、罵他：「你不要自以為了不起，只有你有辦法，叫人家去住你的佛光精舍、住你的養老院，那我們這些人都沒有用了。」其實呢，師父就是一片好意、善意，人家不接受，反過來誤解他、排斥他，他也是非常有修養的包容，不計較別人怎麼想。他要做的，就是為社會服務，為大眾服務。

問： 跟隨大師這麼久，現在回想，你覺得有哪些事或哪幾個階段，是特別有挑戰的？

慈容法師： 我看到佛教界，如果要蓋一座廟、設一個講堂，都是慢慢累積，有了一點經濟基礎，才敢說現在我要來蓋這座寺廟。大師做事情，不是先看有多少資源，而是看到這事情是對的，這事情是需要的，他就去做。

最初建佛光山，是他感受到高雄市壽山寺地方很小，佛學院學生沒有活動空間，他希望學生好好用功，希望辦學能持續，就需要有更大的空間讓大家使用。所以早期來開山，並不是要建寺廟。師父從前就說過：「我一生不想做住持，我只是想做事。」他為了辦學而開山，後來慢慢的擴大，也是因為大眾的需要。

早期台灣各方面的條件還不夠，台北到高雄一趟，坐火車要七、八個小時，來一趟很不簡單。信徒大眾發心幫忙建佛光山，建好了以後，他們經常要回來看看，尤其從北部來的信徒，沒有辦法當天回去，就要住下來。剛開始請學生、老師大家擠一擠，把宿舍空間留下來給信徒，但不是長久之計，所以大師要建一個會館，讓信徒來了可以住。那個時候台灣的經濟剛剛成長，也有好一點的建材了，房子也能鋪地毯、裝冷氣，師父說：「這個會館要給遠來的信徒住得舒適一點」，所以會館蓋好之後，就鋪了地毯、裝了冷氣。外面的人就批評，佛光山很奢侈，很浪費，寺廟還裝什麼冷氣？弄什麼地毯？其實講起來，我們五十年前蓋的宿舍，在南部這麼熱的地方，到今天還是只用電風扇，裝冷氣是因信徒需要才做的，不是為了自己的享受。所以佛光山的成長，都是隨順著大家的需要和因緣，若說有什麼挑戰和困難，那是天天都有，但也時時隨順著大眾的因緣設法克服了。

就拿師父在台灣講經這件事來說，現在是理所當然，六十年前佛教沒有人講經的，一般人信佛教就是燒燒香，求平安、求發財。六十多年前我剛剛到佛門裡面，我的同學、朋友都笑我：「你年紀輕輕的，沒地方走了，跑到寺廟裡面去了。」那時年輕人去信佛會被人笑說好像沒路走了，很可憐，或是很消極，沒思想。我後來從大師這裡參與佛門做事，才懂得佛教是什麼，才帶來人生的提升和改變。早期師父也沒有寺廟，他也不鼓勵別人出家，我是信佛教信了十多年以後才決定落髮出家，是經過一個歷程，自己很願意、很歡喜才出家的。

問：大師佛教事業做得那麼大，發展到全球五大洲，做事為什麼有那麼多善緣？

慈容法師：師父到處都受到信徒的歡迎，所以很多人都來求師父，「你到我這個地方來建個寺廟吧！」當初佛光山已經有一點基礎的時候，台北才有一個道場，叫做普門寺，我被派到台北去。有一天接到一封從澳洲寄來的信，信裡意思是：拜託，你們到我們這裡建一座寺廟吧，我們這裡都沒有佛教。我媽媽年紀大了，一個人在台灣，我想接她來伺候，她不肯，她說在台灣可以拜佛，可以聽經聞法，到澳洲就沒有這些了。寄信人於是懇求佛光山到澳洲那邊建寺。我跟師父報告有這麼一件事，師父說：「澳洲早期是排外的，你先去看一看情況吧。」

因此我就第一次到雪梨，完全不了解地理環境。從飛機下來開車開了一個小時到臥龍崗市，在雪梨的邊上，那邊有一些華僑，台灣人比較少，很多是越南、香港來的。他們很熱心，還用傳統的舞龍舞獅來迎接。我看了那邊的情形，回來跟師父報告，我說：「師父，那邊的人不會排斥我們，而且越南人早期也是信仰佛教，確實有宗教信仰的需要，可以去看一看的，環境也滿好。」第二次我就陪著師父再去看了一遍；到了第三次，就跟當地市政府簽約了。

師父看到那邊有一個山丘，把它命名為「麵包山」，只有一座山，旁邊都是平地，市政府願意把那座山給我們建寺院，簽約過程中我就想，假如將來這個山坡再有其他建築，造成了不便怎麼辦呢？他們說：「不要緊，那是綠地，永遠保持綠地，不會改變的。」我說：「法令有時候也會改變啊。」他們說：「這樣好了，平地以上就租給你們九十九年，一百塊錢，如何？」我想，太好了，那整片山我們都可以用。簽約的時候，一個朋友在旁邊說：「九十九年，那九十九年以後怎麼辦？」市長好幽默地說：「不要緊，九十九年以後，我們三個人再來簽約。」

這位市長後來還到過佛光山。

我們在澳洲蓋第一座寺院是南天寺，但因為師父來勘察的那一次，順便去了布里斯本，那邊有高雄的信徒移民過去，他們聽說師父要在雪梨蓋寺院，就說布里斯本更需要，動作很快，立刻找了一塊地在公園裡面，再加上其他幾個人都很熱心，結果南天寺還沒有蓋好，中天寺已經先蓋起來了。

佛教能在澳洲順利傳揚開來，我覺得澳洲政府對於我們東方的宗教滿能接受的，願意支持。我記得當時依來法師從非洲調到布里斯本，我說你在這個地方，也可以辦個佛誕節吧。他就結合各個國家的移民一起來參加，一辦就辦三天，上千人，變成一個民族的大聯合。市政府非常開心，說以後每年市政府的大門口，都給你們辦佛誕節。所以一直以來，布里斯本的佛誕節活動，都做得極具盛況，各國移民，各種宗教，不管是天主教、摩門教，大家都來參加，修女、神父也都來浴佛，一片祥和。

不只是澳洲，其他很多地方都是從信徒的因緣開始，歐洲、美洲，都是信徒要求，才慢慢去建寺院，為了給他們方便。同時佛學院的學生也陸續畢業了，能夠派一些出家眾，到世界各地為大家服務。

問：每個地方都有不同的需求，建西來寺的時候，據說開了一百多場的協調會。一九八九年去參訪的時候，還沒有完全建好，當時慈莊法師也在那邊。

慈容法師：會到美國建寺也是信徒要求的，信徒要把土地給佛光山，但美國的土地法規跟台灣不一樣，他們有社區用途的分割，住宅區、商業區、公共地區都有規定，給我們的那塊地不是宗教用地，沒有辦法建寺院。為了先有個駐點，就買下一個小教堂，定名白塔寺，慢慢增建成西來寺。建寺過程開一百多次的協調會，還有公聽會，到最後，反過來是居民支持，基督教的牧師來參加公聽會，也贊成佛教在這個地方建寺院，他說他的太太是越南人，越南淪陷之後太太來到這裡，離開了家鄉，精神沒有依靠，如果有一個佛教寺院，能給予他們更大的精神力量。因為很多居民都來投贊成票，最後政府終於批准，前前後後花了不只十年時間，才把西來寺建起來。因為有西來寺，就影響到其他地方，目前在美國，差不多有將近三十間道場。

問：大師重視教育，不僅建西來寺，還創辦了西來大學，也要有很大的決心和毅力。

慈容法師：師父辦教育從幼稚園、小學、中學辦到大學，相當辛苦。因為佛光山當初還在建設，也不是完全蓋好了，又要建學校、維持學校，就按我們自己的能力，經費慢慢籌措，前前後後是漫長的二、三十年，沒有停過，一直都在進展當中。

很早期師父就想在台灣辦大學，他看到人家外國人都到台灣來辦大學，天主教、基督教也都辦了大學，佛教也應該辦啊！可是台灣那個時候政府不核准，既然國內不能建，就先在美國把西來大學建起來吧！所以五所大學，西來大學第一個辦的，經費很不容易。我們大家共同幫助師父，真的，那個時候，美金對台幣是四十比一，美金幣值很大的。說個笑話，師父從美國一回來，人家要替他洗衣服，掏出口袋東西，一大把一大把都是衛生紙。因為每次用餐，都會給他餐巾紙，他用了還捨不得丟，都放在口袋裡。我們就笑，師父是把美金帶到美國去，把衛生紙帶回來。現在回想，早期佛光山在美國沒有多少信徒，都是一點一滴辛苦把寺院、大學建起來，這裡面不知有多少人的發心和因緣啊！

問：從最初，你就很善於辦活動，辦了很多的文教活動、藝術活動，到處奔波。你有沒有問過大師，為什麼要辦這麼多活動？跟弘法之間有什麼關係？

慈容法師：師父給我很多的平台，給我很多機會，剛剛進來什麼都不懂，但是師父因為辦很多活動，不管講經說法，或是人家的婚喪喜慶，他都是程序寫好了叫我做司儀，做司儀我當然就要照顧台前台後，想想該注意什麼，怎麼樣把場面做好，從這裡面慢慢去學習關心大眾，得到成就感。

一般都以為佛教只是幫喪家做法事，其實師父很早就替人家舉行佛化婚禮。信佛的人要結婚，一起到佛前許個願，感恩父母、感謝大家，夫妻誓願成立一個美好家庭。在最初佛教沒有人做，但師父說在人家有需要的時候，給予他們一個精神的目標與方向，所以無論喜喪活動，過去我都有機會服務。

後來師父的講經說法，不只在寺院舉行了，而是到更大的國家禮堂，譬如在台北國父紀念館，連續三十年，每年舉辦三天。因為我一直都在台北服務，所以師父都交代我去籌備、進行。師父常出奇想，說不要讓他一個人唱獨角戲，要把這個場面呢，怎麼樣弄得更吸引大眾，他指導我，我就依著師父的方式進行。

每一次辦活動大家都這麼歡喜，聽的人歡喜，看的人也歡喜，信徒來幫忙工作也很歡喜，滿有成就感的，所以愈做愈開心，總有應該多做一點的想法。

師父不但用言語弘法，也用音樂弘法，他說佛教的出家人，誦經念佛不是念給佛聽的，社會人士大家都是未來佛，要讓他們感受到，佛教的音樂也滿有禪味，有另外一種動人的韻律，他們不走入佛門，也要讓他們有機會接觸到。所以師父要我帶著梵唄讚頌團，到世界各地方去表演，尤其是到歐洲，那裡的文化氣息濃厚，我們在教堂、在劇院表演，雖然聽眾不懂中文內容，但透過當地語言的字幕，在聆聽唱頌的時候，也滿有感受的。世界上好多地方，梵唄讚頌團都去過了，也達到師父用文化、用藝術、用歌詠、用舞蹈來弘法的目標。

現在，佛光山辦的學校都很重視體育，籃球、體操都滿有水準，用體育也能弘法，在佛教界過去沒有人這樣做。師父說，他在一個體育館講演，一場一萬人很不錯了，但球場可能是幾萬人，一支好球隊、一個好球員的表現，是很感動人的，況且籃球運動裡有「六度」的精神，是佛法實踐的一種，所以用運動也能弘法。

問：

大師一直在創新。你看現在的年輕人，不管是年輕的佛教徒或是出家眾，跟你們那個年代有什麼不一樣嗎？有哪些優點或說有哪些改變。

慈容法師：從傳統的佛教來看，改變相當多。佛教最初是完全停留在寺廟裡面，尤其早期的寺廟都是在山上，所以一般人要接觸佛教並不容易，要找寺廟，都要走很長的路，甚至走到沒有路的地方。還有蔣介石總統時代，因為夫人宋美齡的影響，幾乎有地位有錢的人，都是信基督教。信佛教的人也常神佛不分，認為有拜拜就是有信仰，問他信什麼，一般不會說我信道教，當然，也不會說我信佛教，就是「有在拜拜啦！」幾十年來，大師努力讓大家懂得什麼叫做佛教，佛法是什麼，讓大家受到佛法的滋潤之後，人生能過得更富裕、更豐富、更快樂。過去老年人才信佛教，現在不管老的、少的，都能接受。過去信佛教的多半是老百姓，現在不管是企業界、教育界、政治界，各行各業精英人士，信佛教的人也相當多，大家平等，彼此尊重。如今一般人也比較能夠了解什麼叫做佛教，大師用各種不同的方式讓大家接觸到佛法，總算看到一些成果。

對年輕人，更要想出他們能接受或是有興趣的方法，總的來說，是用「理性溝通，感性攝入」。師父常常講：「佛法是幫助你自己，佛沒有叫你一定要拜，是讓你自己要有信心；佛沒有叫你要念經給祂聽，是念給自己聽，懂得裡面的道理在講什麼。」師父強調的是自覺的教育，自我覺悟、自我認識，不是靠佛幫助，靠佛保佑，而是要提升自己、認識自己，讓大家自覺：我要怎麼樣做人，這個社會才會安定。從個人做起，帶動家庭的和諧，每一個人都有恭敬心，彼此相讓包容，這個社會才美好。師父常常講「自心和悅，人我和敬，家庭和順，社會和諧，世界才會和平」。「佛教靠我！」「我」是指每一個人，也是他灌輸給青年人的佛法。

問：佛光山五大洲都有很多的道場，人才如何派遣分配，譬如說怎麼決定這個人才去非洲，或者這個人才去澳洲，或者是去美洲，你們有一定的制度？

慈容法師：佛光山有制度，大家進了佛門都是一樣的，所有生活上所需的東西，都是由佛寺供應，吃住在寺裡，每月零用錢雖然不多，還是有一點點發給大家。有時候這個年輕人希望上進，還要去留學，也會供應讓他再去進修。我個人也是這樣，到日本去學社會福利。

至於工作的派遣和輪調也是佛光山的制度，大家都是一致的，譬如說三年、五年或更久，一定要調動。派遣海外，早期當然是外文能力強的人，先派他過去，要跟外國人一起在當地生活，語言畢竟是非常重要的，到目前我們還是感受到不足，那麼多國家的語言，樣樣都要學會，實在不簡單。當然有的是到了那邊再學習，像我是在日本留學，在日本也去開發本栖寺，在那個地方來幫助他們。所以會外文的人，當然儘量讓他到國外去服務。不過佛光山到今天五十多年了，弟子有的年紀也大了，所以大師一再強調，海外的弘法佈教是要本土化，培養當地人才很重要，也不能完全把我們的這一套拿到外面去，叫外國人拿香來跪拜，他不習慣，反過來發掘他愛唱愛樂器的天性，教他學一點佛教的梵唄，會比較容易。配合當地的文化需要，再把佛法融會上去。

問：當初大師是怎麼讓你到日本留學，據說他自己本來有機會出去，但是他就把這個機會讓給弟子了。

慈容法師：早年在高雄的時候，師父跟一位信徒說：「我最近要去日本，我要去讀書。」信徒就講：「你已經是我們的師父了，我們都很需要你，你何必再去讀書呢？不管有沒有什麼碩士、博士，你永遠都是我們的師父啊！」聽到這席話，師父覺得也對，他們都需要我，幹嘛一定要去留學？所以他就放棄了機會。

早期台灣的留學生，就近去日本的比較多，到美國的也有。我小學一年級的時候，還是讀日文課本，到二年級開始戰爭了，就沒讀了，日文多少有一點點基礎，所以有出去的機會，我就到日本。那時幾個師兄弟他們去日本都讀佛學，我就問師父：「那我去讀什麼呢？」師父說：「你去讀社會福利。」學習過程我就體會到，社會福利的運作就是佛教徒的精神，菩薩道的精神嘛！佛教原本就是要服務社會，關心大家，作大眾的義工嘛！只是要懂得用方法來做養老、育幼、醫療、照顧的事業。師父替我選擇的社會福利，我覺得非常適合。

問： 後來運用在佛光山辦的很多育幼院、養老院，你都是開始的主事者？

慈容法師： 是有很大的關係。其實佛光山開山沒有幾年，就辦育幼院了，因為早年台灣經濟困難的時候，有棄嬰問題，有的是家庭有問題，所以鄰居、救濟機構，就把小孩子抱過來。安置及照顧這些小孩，實在是非常辛苦，在裡面照顧小孩的都沒有結過婚，卻做這些小孩的媽媽，一直把他們養到大學畢業，甚至成家立業，這樣的孩子前後有九百多個。除了孤兒院，我們也辦養老院，最多的時候有三間，一間是縣政府建的，要我們幫忙辦，辦了十年。佛光精舍是因為師父考慮到早期跟他一起到台灣的那些人，都是單獨來的，老了沒有兒女照顧，那時候跟大陸也沒有往來，所以師父說：「都到我這裡來，由我來照顧吧。」老人家在佛光山就要看他能不能適應，喜歡拜佛，喜歡清靜，就很好，住精舍的老人活到八十歲，甚至活到一百多歲的都有。

問：你曾跟隨大師見過教宗，當時的情況如何？

慈容法師：早期師父出國，我都會在身邊，我的外語不行，但要負責很多其他的活動，所以有這個機會跟教宗見面兩次。第一次是由台灣這邊的天主教替師父介紹，到梵蒂岡去跟當時的教宗見面；第二次又跟新任教宗見面，還去到他們的教堂，跟幾位神父互動、座談，後來彼此之間也常有來往的，很多修女也到佛光山來參加禪坐、論壇活動。馬總統時期我們辦了一次「愛與和平宗教聯合祈福」，所有的宗教都有代表參加，支持大師主張的宗教界的合作與包容。

問：最近幾年，大師談到佛光山的發展時，他講佛光山應該要減，慢慢的減，然後有一些選擇。你們是第一批跟著大師的長老，怎麼看這件事情，會繼續怎麼做？

慈容法師：在佛光山開創的階段，各地方都需要師父，他就積極到全世界去弘法佈教，一年要跑地球兩圈，把佛教帶到很多國家去。這些年下來，我們現在雖然有一千多個出家眾，人員實在是不夠分配。因為一個寺廟就等於一個學校，就等於一個家，人家說開門七件事，一個寺廟也是有那麼多的事情，所以實在人手不足。幸而在台灣師父又建立了國際佛光會，信徒都很支持，願意參與師父的人間佛教，共同來做。

佛光山現在義工非常多，不然你說像佛陀紀念館，每天來那麼多客人，又要服務，又要引導，我們一個家庭的煮飯、打掃都需要人去做，像佛陀紀念館這麼大的地方，廁所就有近千間，打掃都很不簡單，如果全部都要花錢請人服務，就會相當困難。我們並沒有收門票，停車場土地是跟人家租的，我們也不收停車費，幸虧有這些信徒、義工大家幫忙，做引導人、當介紹員，否則怎麼辦呢？地方愈大，愈是人手不足，現在外面有很多寺廟，有的法師年紀大了，他說要把寺廟交給佛光山來管理，我們都不敢接受，因為我們自己也覺得人手不足。這個問題不只是佛教，其他宗教也一樣，宗教服事人員愈來愈少，平均年齡愈來愈長，所以不能夠再擴增那麼大。現在雖然還有很多地方需要我們再繼續開發，但是腳步必須放慢一點。

問：佛光山全球有多少義工？統計過嗎？

慈容法師：義工是很多，現在佛光會會員也有上百萬，全世界五大洲都有。當然，比較大量且照顧得到的還是在台灣，其他地方，有寺院有我們的出家眾在，團隊合作會比較堅固。

問：大陸那邊呢？義工也是在大陸招募的？

慈容法師：大陸比較困難，因為大陸目前對宗教還是有一些限制，我們只有一個宜興大覺寺是正式的寺院，正在南京新蓋的天隆寺也算是正式的寺院，其他上海、北京，就只是辦公聯絡的地方，各種活動就不能做了。

問：在後繼人才方面，比如說現在年輕人出家的狀況，願意專心從事佛學研究的，趨勢上是愈來愈多，還是像其他宗教一樣愈來愈少？

慈容法師：青年愈來愈少，與整個社會少子化有連帶關係，事實上佛光會成立之後，我們很努力成立青年團，在台灣有兩百多個團，海外也有，又有童軍團，但整個來講，台灣讀佛學院的人是比較少了，反而要從國外找學生進來。像馬來西亞、印尼，學生就比較多。

問：所以在這方面，大師有沒有交代如何對現在的年輕人去推廣？

慈容法師：方式上是有一些改變，年輕化、科學化了，對於讓他來參與，培養佛學的認知，或是他的發心，這些基本的還是少不了。在學校中的「好苗子計畫」，翻轉生命的培訓，都是努力在進行的。

二〇一八年四月採訪整理

持續耕耘人間佛教的理想

——依空法師

佛光山文化院院長。

正月初二我向大師告假回日本，師父說：「依空，吃了再去。」我當時捧著那盤麵，轉過身去，眼淚就掉下來了。我心裡想，我的師父，星雲大師，他為了辦教育不惜一切，他說過，「我就是把人賺進來，把人心賺進佛教，我為了辦教育在所不惜。」人家過年，他就下去炒麵了，大師炒的麵是全佛光山最好吃的啊！

問： 你是第一位在佛光山出家的大學畢業生，在民國六十幾年那個年代，高學歷女性選擇佛門較少見，有人會覺得惋惜。請問你當初是如何受到大師感召，決心在佛光山出家？

依空法師： 我生長在有宗教信仰的家庭，老家在宜蘭，離雷音寺走路大概十幾分鐘，我的兩個姐姐都皈依星雲大師，原本要出家的是我上面的那個姐姐，當時我年紀還小，不知道大師的名字，但跟很多宜蘭人一樣，都知道「北門口的師父」。冬天雷音寺有著名的精進佛七，彌陀聖誕，民國四十幾年的台灣還很貧窮，小孩子幾乎沒有零食吃，就很期待精進佛七晚上的「大板香」時間，有些零食可以領取，可能今天是沙其馬，明天素包子，最後一天一定是壽桃。「先以欲勾牽，後令入佛智」，我小時候是衝著零食去寺廟，但種子種下不虛發，我七歲以前不自覺的接觸了佛教，念大學的時候開始真正想要去了解佛教。當時我有個疑問，為什麼學佛的一個個都想趕快念佛往生？有一次我去姐姐家，她已經皈依了，她家桌上有一份《覺世》期刊，刊登了大專佛學夏令營訊息，我就動念想去參加，但裡面有一條規則，必須是佛學社團的一員，我那時沒有參加佛學社，就打消了念頭。過了一年，我大三，又看到這則招生，心想，今年不參加，明年就畢業了，連大學生的身分資格都沒有了，好，就決定要去。去的時候，夏令營已經開始了，我錯過了報名甄選的時間。姐姐認識歌詠隊的張慈蓮師姐，她說：「無妨，我已經跟師父講好了。」我就拎著一個行李上山去。夏令營兩個星期，聽了大師講的《般若波羅蜜多心經》，很受觸動，隱隱知道這就是我一生的方向，但目前還是要回去把大學學業完成。大四寒假，我又上佛光山參加冬令營，抱病參加，發高燒到四十度，人昏昏沉沉的到大悲殿拜佛，唱著三皈依，「自皈依佛，當願眾生，體解大道，發無上心」，聽到大師說：「佛教需要青年，青年需要佛教」，那時我很自負的，心想我這個青年當然需要佛教，佛教有我這個青年好像也不錯吧！拜完我就向大師表示：「我畢業後很想回來，假如佛教有用得著我的地方。」大師說：「可以啊，你念中文系，佛學跟文史哲不分，你回來可以教書。」所以畢業後我便推辭了公立學校的教職上山去。但可能當時因緣還未成熟吧，去佛光山的第二天就有一個出家典禮，我俗姓張，便有一個人跟我說：「張老師，明天有出家典禮，你也順便出家吧！」我一聽「順便」二字覺得很不舒服，出家是多麼神聖的事情，怎麼可以隨便呢？一念起因緣便錯過了。又過了一年，我覺得我對自己、對出家這件事又有了更深的認知，還是堅定初心選擇出家，這一年的緩衝，也讓家人慢慢接受，反而圓滿。

問：所以當年出家，還是經歷了一些波折，聽說親人反對也是一關？

依空法師：我的家庭很好，栽培我到大學畢業，立刻又有個鐵飯碗教職，在當年是很順利的路。放棄這些，選擇出家，在早年風氣未開的社會，讓家人覺得震驚，怎麼會走一條跟他們期待完全不同的路？其中反對最強烈的是我哥哥，他希望我讀到博士，到大學教書，這當然是符合社會傳統觀念又鼓勵我上進的想法，無可厚非。所以我很感謝我父親的開明，雖然他也非常不捨，但他看到我學佛那麼快樂，就成全我了。後來他們都變成虔誠的佛教徒，其實我沒有刻意對家人講佛法，他們都是自然感受到佛教的智慧，學佛的好處，尤其我的弟弟，跟弟媳夫妻倆都是普門中學老師，一個教數學，一個教英文，弟媳在普門中學經常得到優良教師，我的侄孫輩有的也在均頭國中小教書，公餘都去佛光山在地的別分院當義工，成為主動參與的快樂佛光人。

問：對出家後的生活，對大師的教誨，有什麼特別受用或記憶深刻的事？

依空法師：剛去佛光山時，山上只有二十幾個出家人，特別幸運的是，大師那時候多半在山上，早年出家的師兄們也還沒被派往各地，學習的機會真的很多。大師非常勤勞，非常開明，上山學規矩、學功課、學作務、學佛法，也享受著某些「縱容」。我記得那時大雄寶殿旁邊全是鳳梨園，我們吃鳳梨可是過癮的吃法，戴著斗笠，拿著鐮刀和桶子，蹲在鳳梨園，就地削皮大啃，吃不完就丟，挺浪費的，大師並不阻止。討論事情他也讓我們七嘴八舌的講，不是一言堂。譬如要蓋麻竹園，他帶著我們出坡，他說：「你們現在可以不負責任的講一些意見，像是這棟樓要蓋多大，要有什麼功能。」等我們哇啦哇啦講完，他會說某人的意見不錯，可以採納。我後來體悟，大師是開明，胸襟廣，容納愚者千慮的一得吧！

初上山時，很多事還不懂。有一天大師拿了一篇文章給我看，是他對信徒的開示。大師口述，有一個學生整理錄音，原原本本地用文字錄出來。一般演說稿和文字稿會有差距的，比方說話難免有嗯啊呀喔等等贅語，大師幾乎沒有。他就把那篇稿子交給我，問我：「你是中文系的，能不能看看這篇文章，潤筆一下。」我當時是初生之犢不畏虎，真的就給它東喬西喬的，我後來回憶起來，當時身邊很多師兄，眼睛瞪得好大，其實我並不知道那是師父的演講稿啊！大師也對我的妄為不以為意。

當然還有「一碗麵」的事我曾經跟很多人分享過。那時大師已經送我到日本留學，中間有一年寒假我回山上，知道大師正在設法籌措在台北辦一所中國佛教研究院的經費，研究院原本借了別的佛教單位的場地招生，現在人家要收回，大師就看中了一棟房子的一層樓，當時要台幣三百多萬，大家都愁眉不展，怎麼辦，哪來的三百萬，佛光山建設期處處用錢，每一年都在還前一年的債。所以徒弟們都覺得那不可能，只有大師很歡喜，他說：「過年快到了，我們把佛光山各處掃得很乾淨，把麵炒的很香很好吃，讓信徒回來開心拜佛，說不定添了油香就可以來買這一層樓。」所以過年的時候大師就在朝山會館的廚房炒麵。日本的大學開學早，我正月初二要搭機回去，就去跟師父告假。大師正在用像大澡盆一樣大的鍋子炒麵，麵堆得像小山，要力氣很大才炒得起來。我跟大師說，我要搭十二點交通車下山去機場了。他跟我半開玩笑說：「我們才剛剛開始炒麵，信徒要來拜佛，要讓信徒回來很開心，多一點供養去買那一層樓，你怎麼就臨陣脫逃了？」他其實沒有怪我，意思是你怎麼現在就要走，過年才剛剛要開始。我一下子答不上來，他問：「你吃飯了沒？」我說：「還沒。」一人高手大的師父就抓了一坨麵裝盤遞給我，說：「依空，吃了再去。」我當時捧著那盤麵，轉過身去，眼淚就掉下來了。我心裡想，我的師父，星雲大師，他為了辦教育不惜一切，他為了辦教育，甚至被人家批評我們在賣東賣西。他說過，「我就是把人賺進來，把人心賺進佛教，我為了辦教育在所不惜。」人家過年，他就下去炒麵了，信徒都知道，大師炒的麵是全佛光山最好吃的啊！

很多人以為佛光山很有辦法，星雲大師呼風喚雨，其實不是，而是實實在在地為了辦教育、為了佛教，不辭一切辛勞。這是我從大師那一碗麵到現在都不敢忘卻的初心。

問：剛剛已經提到，大師送你到日本留學深造，而佛光山其實是經費艱苦的階段，為什麼陸續送弟子出國讀書？請談談那段留學的經歷。

依空法師：其實這也是大師重教育，有遠見的培養人才的一環。大師本身很喜歡讀書，他也希望弟子多讀書，他跟傳統佛教的師父不一樣，別的師父怕送弟子去念書，回來要改革，大師不怕弟子有成就，只希望個個成龍成鳳，真的叫恨鐵不成鋼。佛光山剛開山時更是缺人手缺經費，但他早早就送徒弟留學深造。

早期留學多半去日本，因為日本有佛教的學術研究，師兄們都在京都，我是送到東京，當時有一個中日佛教促進會，大師是中華民國台灣這邊的會長。那一年我二十六歲，要一個人留在東京，我問大師：「我要念哪一個宗派呀？」大師說：「你把襪子穿好了。」我那時少不更事，詫異，啊，還有襪子宗啊？原來大師的意思是，你要把出家人的形象，出家人的本體照顧好。

日本佛教在鎌倉 kamakura 時代發生很大的變化，出家人成立家庭，有些台灣早期的出家人就留在日本，甚至換了跑道，佛光山倒沒發生過，學成通通回國。大師很注重出家人的本體本分，就算沒有人看到的時候也需「慎獨」，佛教的戒律就是建立在自我要求，有很高的自覺性。

我讀的東京大學是日本不錯的學府，在那邊念書需要一個生活保證人，最好是「先生」——就是大學教授，或是律師、醫師。當時大師就帶我去拜訪曹洞宗駒澤大學副校長，日本著名的巴利佛教權威水野弘元先生，慈惠法師在旁翻譯。日本人表示禮貌會奉茶奉甜點，大師因罹糖尿病不能吃甜的，就讓我把那份甜點吃掉。後來聽說我那位第一次見面的老師覺得我沒禮貌，怎麼搶了他師父的食物。

大師回台灣前，又交代把早期京都讀書的師兄們所使用過的棉被、大同電鍋、電視寄到東京給我，尤其特別講了一段話勉勵我好好讀書，他說：「世間的父母也要給孩子受好的教育，望子成龍望女成鳳，我現在的心情就好像世間的父母一樣。」那番話其實是有撞擊到我，坐新幹線回到東京，我領了「傳承」用品，電鍋已經傳三代了，要敲一敲才能啟動。電視的畫面影像是出不來的。棉被呢，我的腳一踢被面就破掉了，趕快去買一個被套。佛光山克難節儉，大師是在艱難中籌出學雜費、生活費，讓我們留學沒有後顧之憂，我當然一點不敢浪費，環境熟悉之後，我就教日本的碩博士生中文，在不影響學業的情況下打了一份工。

我在東京大學念完碩士，才了解那個時代的東大幾乎是不會給博士學位的。我們台灣同學會中，有人台大畢業去京都大學念了碩士，再到東京大學念博士，在日本十四年，他的太太已經拿到藥學博士工作幾年了，他要提博士論文，他的老師還是覺得太早了，不給他提，好些例子都是如此。既然再讀下去也不會有博士學位（很多年後聽說改善了）我就決定回國。大師掛念我，要我一定把博士讀完，本來我一度考慮去美國念博士，已經考托福了，到柏克萊一看，要讀七年的梵文，我不能讓佛光山在我一個人身上花費那麼多時間和資源，帶回東京大學印度哲學研究所文學碩士的學位，我相信已經可以為佛教、為佛光山做些事情。

問：你回來之後立刻學以致用了嗎？

依空法師：一回來我就接了兩個「普門」，一是擔任普門中學校長，二是辦《普門》雜誌。我最記得當時大師對我講：「你不要以為我讓你辦這個中學會賺錢，普門中學每年要讓你虧兩百多萬，普門雜誌讓你虧兩百多萬。」我就跟大師開玩笑說：「師父，您不怕我把兩個普門都辦到關門嗎？」其實大師的真話讓我感動，在民國六十幾年那個時代，誰都知道有句話，「要害一個人，就叫他去辦一本雜誌」，我在《普門》雜誌，身兼主編又當社長，並負責整編四大冊《星雲大師演講集》，希望盡力做到雜誌不要虧損，但的確每賣一本都要虧十幾塊，可說日日難過日日過。但大師知道文化教育工作無法立竿見影，卻非常重要，他一直支持，只要是有助弘法的文化教育工作，他鼓勵我們儘量去做，後來成立了「佛光山文教基金會」，推動佛學會考，辦短期出家，也都是其中一環。

基金會是財團法人組織，最初成立是行腳行來的。一九八七年佛光山二十週年，舉辦環島行腳托鉢，三十天走六百多公里。台灣的四月已經開始熱了，信徒非常熱心，我們走到中部虎尾附近，信徒來求：「師父啊，隊伍可不可以繞一下我們那裡的媽祖廟周圍，繞一圈就好。」我問大概要多久，他們說十五分鐘，我想十五分鐘沒問題呀，沒想到說得是開車十五分鐘，那一天就走太多了。再走到三義的時候，下起了雨，襪子全濕了，腳磨破了，長了水泡，每天晚上就要照顧自己受傷的腳，可不能因這一點困難就不走，還是忍著痛跟上，天天衣服被汗水濕透，太陽出來蒸發，下雨又淋濕，這樣水澇火烤，終於完成。行腳托缽沿途有信眾發心，大師說「取之社會，用之社會」，錢要做社會教化，就成立了一個財團法人佛光山文教基金會，經費不夠的大師再添一些，辦很多對社會有意義的活動。李登輝總統曾經頒「和風獎」給佛光山文教基金會，肯定它對社會的貢獻。

問：你在佛光山發展過程中擔任過很多職務，似乎也並不止於教育和文化領域，你覺得最具有開創意義的是什麼？

依空法師：前面說過我很幸運，上山時師兄們已經走過第一個十年的篳路藍縷，跟他們比我吃苦少，卻有機會多學習。我記得剛出家是一九七六年，剛好大師要率領兩百個人踏上美國這個國度，因為美國建國兩百年，有機緣去考察一下環境，大師似乎已經看見未來可能的發展。

留學回來，大師給我很多學習及承擔的機會。做基金會是其中一個，寺廟管理也是出家人本分，我去做過住持，從台灣的住持做到美國西來寺住持。大師辦大學，讓我參與成為董事會成員之一，南華從管理學院改為大學，大師派我做執行董事，了解辦學體系。後來西來大學通過美國大學西區聯盟（WASC）委員會認證，當時我也是西來大學的董事之一，同時兼佛光會世界總會的祕書長。若說比較具開創意義職務，應該是大師交代創辦《人間福報》吧。

問：辦報是很艱難的事，大師不但辦成了，至今延續二十年，真了不起，你是第一任社長，請說說《人間福報》的創辦經過。

依空法師：大師二十四歲寫的一篇文章，就說「佛教需要一份報紙，佛教需要一個電台，佛教需要一所大學」。那時候台灣還沒有電視的概念，到後來大師連電視台也辦了，那年他七十四歲。所以大師從年輕的時候就很有理想，時機未到他放在心中，可以堅持幾十年，最終把它做出來。辦報是大師的理想之一，契機是怎麼開始的呢？

一九九九年台灣發生九二一大地震，大師正帶領佛光山梵唄團在歐洲巡迴表演，當時的宗長心定和尚剛好在澳洲辦水陸法會，大師從歐洲打電話給我，叫我當總幹事，去草屯成立一個救災中心，我們就在車籠埔，跟佛光會中華總會會長吳伯雄先生，一起配合開始賑災工作。大師指示得很清楚，賑災分三階段，第一階段黃金救難，第二階段災區重建，包括學校的重建，第三階段心理諮商輔導。我們在第一階段立刻深入災區，駐紮一個月，從慈善救助到心靈撫慰都做，沒有一刻停過，行政院也肯定佛光山是三個重要賑災單位之一。但很奇怪的是，媒體不如實報導我們做的事，有些還不斷來質問佛光山做了什麼賑災。我當時感覺佛光山長期例行做慈善救濟，但一向低調不特別宣傳，媒體不深入，憑主觀做偏差報導，連賑災也被扭曲。大師回來後，十一月要召開一個臨時會議，原本我做完賑災第一階段就交棒了，因為我正在趕寫博士論文，有關賑災的報告由接棒人去做。有一天就接到大師電話，叫我回佛光山，他說，「已經宣布我們準備辦一份報紙，有幾個報社聽說我們要辦報很熱心，要給我們提供意見和經驗，你也來聽聽。」開會那天，對方就說必須有個專人窗口將來聯絡較方便。當天參加開會的師兄們不好叫他們去當聯絡人，年輕的又比較不知道狀況，我剛好是中間份子，不老也不少，他們就說，以後跟依空法師聯絡，以後就演變成我去辦報了。

大師叫我做過《普門》雜誌，做過《覺世》旬刊，我知道個中甘苦，尤其報紙每天都要出刊，壓力更大，心中難免惶恐。其實當時有很多人反對辦報，我也不贊成，我甚至說：「師父不聽我們的反對要辦報，但不要叫我辦，我害怕做不了。」大師很有意思，他說：「哪個人反對最厲害，就叫那個人去做。」大師完全知道難處在哪裡，但他胸有成竹，指示我照他交代的去做。

《人間福報》二〇〇〇年四月一日創刊開始試報，從籌備到正式出刊只有四個月，大師還堅持不可以有廣告，沒有廣告這個報紙要怎麼生存下去啊！所以我們要辦很多場的宣導說明，從南到北全省走透透，我們要找到很多有信心的終身訂戶，一次性捐款贊助，很多人來幫忙推銷，不僅自己訂，還訂報送給親人、朋友，送給學校、團體。我們辦很多活動，讓社會賢達來指教，也有許多報社希望來合作，這部份比較為難，就好像一個女兒不能嫁很多夫家，都來提親，怎麼辦？從中就要學溝通，學圓融，做得皆大歡喜。

報紙的格式內容也要訂出來，我記得是四張十六版，每一版要做什麼，大師都有他的方向和理念，他要辦一份沒有煙火味，沒有口水戰，沒有謾罵，沒有聳動新聞的「不一樣的報紙」，別家報紙第一版都是時事，他說第一版要做「奇人妙事」，我初一聽也是反對，事後證明讀者最愛看的就是「奇人妙事」。當時我們做了很多版本的企畫案讓大師來挑，連報紙的名字、刊頭、每一版的主題，都經大師拍板才能放心。我一直在摸索，辦報我是素人，對媒體不熟也不懂，我只是想有師父指導，就不怕了，因為有很多人護持我們。現在回頭看，覺得這份報紙真的很有特色，它沒有時效問題，一年前看，一年後再讀，仍然啟發良多；它可以讓父母大方地和子女一起讀，放心讓任何一個孩子讀；它也不會有讓人爭吵爭議的內容，都是開卷有益。

雖然《人間福報》在信徒、讀者的護持下生存下來，但經營上我一直很慚愧，創刊時大師說：「給你一筆預算，至少辦三年吧。」我兢兢業業辦了三年，一看，還好沒有赤字，還有那麼一點點盈餘，沒有辜負大師，趕快自己自動請辭吧。況且我只是努力去做了一些溝通協調，真正要感謝的，是常住出了這麼大一個資源，是大師從創刊就寫專欄，〈迷悟之間〉、〈往事百語〉，一篇一篇的寫下來，到現在還是《人間福報》最受歡迎的作者。

二十年真不容易，《人間福報》有好幾位接棒的社長、總編輯，他們在萬般辛苦中，傳承著大師推動文化教育、推動真善美媒體、推動人間佛教的理想。

問：佛光山曾經在大師弘法五十週年的時候，編印了一本大書《雲水三千》，為什麼大師看了會講「一將功成萬骨枯」？

依空法師：《雲水三千》，確實是佛光山編印的書當中開本最巨大的，把大師歷年的弘法紀事用圖像的方式來表現，很用了一番心血。編完，出版，印刷出來，我剛好去師父的法堂，我看到時很感動，我說：「師父，這個書真是很了不起，從編輯概念來看，是非常清楚的表達出您一生的弘法。」大師就跟我講了一句話：「一將功成萬骨枯」。我當時聽

問：

了很震撼，這意思是什麼呢？後來我們揣摩，大師認為佛光山是集體創作，是因緣和合，這世間獨木難撐大廈，一個人也沒辦法把事情成就。大師認為雖然他帶領我們，所有的工作卻是大家一起做出來的，所以他一再教導，佛光山的集體創作，少了一個緣都不行，個人不需要自居功勞大，要尊重其他因緣的存在，沒有因緣，什麼事都做不成。他還強調，平常就要廣結善緣，所謂「十年河東，十年河西」，你現在不廣結善緣，未來你要做什麼事情，人家也許就不願意幫你。所以《雲水三千》雖是描述大師五十年來為佛教做了哪些改革，怎樣去推動完成，記載了大師睿智的領導，但他不認為都是自己做出來的，他也體恤弟子們，體恤廣大的信徒們，認為是大家一起推動了人間佛教到今天，所有的榮耀，所有的成就，都是大家的，所以他喊出「一將功成萬骨枯」。

大師一輩子做了許多創新的事，有太多例子，都是一開始有人反對，他都堅持去做，最後也證明「事在人為」。這樣的精神，是不是代表了佛光山整體的精神？你覺得會對佛光山的未來產生什麼影響？

依空法師：大師做事確實有「化不可能為可能」的力量，要舉例子的話，太多舉不完，我只能大略歸納自己的體會。

一、**大師有鍥而不捨的精神**，他一個理念可以堅持幾十年，他的理想很遠，夢想很大，藍圖全部在他的胸懷擘畫中，現在沒法做，將來也會做，他永不氣餒，永不放棄。

二、**大師有築夢踏實的精神**，任何事，他是以身作則帶著大家做，尤其早年開山他是帶著徒弟「出坡」的，出坡就是勞動服務，譬如大佛城有四百八十尊佛像，力氣大的獨自挑一擔砂石，力氣小的兩人合力抬，所以我在佛光山也學會調製混凝土，知道要抓多少砂、多少石頭、多少水泥、多少水的比例，要搖幾分鐘，佛光山很多弟子被大師訓練出會蓋房子。

再舉個例子，大師的演講是很有名的，可是早期有人要請他到容納上萬人的體育館演講，他說：「不行」，他先在一千多人的社教館試試反應，群眾覺得很好，聽得開心，他才開始慢慢走向容納幾千人的國父紀念館，聽眾擠到不行，他才做面對幾萬人的演講，在國內、在香港一做就是做幾十年。他做事情，不自我陶醉，不自我膨脹，非常踏實。

三、**大師有忍辱耐煩的精神**，外面的人看到佛光山國內外三百個分別院，好像事情樁樁件件都能做成，其實這中間不曉得有多少的阻礙、挫折、艱難，最終能夠克服，就是大師帶領大家都做「不休息菩薩」、「常精進菩薩」，而且抱定決心，我這一代沒做出來沒關係，下一代還可以再做。早期我們去辦一個寺廟登記，弄了七八年的都有，大師就講一句話，「沒關係，我們佛教會有世世代代信仰傳承，公務員總有任期到的時候，我們就慢慢等。」大師遇到事情的耐煩無人能比，他就是「面上無嗔，口中無嗔，心上無嗔」，忍辱耐煩地等到轉機。你看佛陀紀念館多少年都覺得建不成，最後慢慢轉化，大師的輪椅進退間竟也蓋成了。海外許多道場無不遇到大困難，駐在的法師也都傳承到忍辱耐煩，鍥而不捨，終致有成。

四、大師有以教為命的精神，他所做的一切都是為佛教、為大眾，他沒有私心，所以弟子會跟隨他，信徒會護持他，因為我們的智慧沒有大師那麼高，我們的動力也沒有大師那麼強，就信任、跟隨。我們弟子們長久親近星雲大師，最難學習的，就是他的心量、圓融，有時候我們跟的腳步太慢，或是做不到最好，但只要不違背為佛教、為大眾的初心，大師沒有不包容的。

所以，這些精神的傳承，加上完善的制度，應該是未來佛光山持續弘揚人間佛教最穩固的力量。

問：你現在因病來美國治療，似乎兩地往返，還在做弘法的事，大師病後也沒有停下來，甚至繼續出書、寫「一筆字」，在與疾病的相處方面，你是不是也受到大師的影響，或有自己的心得。

依空法師：大師很早就說過，我們要「與病為友，以病為老師，從疾病當中去體會生命的智慧」。他一輩子生了很多次的病，動大刀，心臟搭了六個橋，眼睛因為糖尿病導致視線模糊，他還是那麼勤奮，為了辦大學，為了推動好苗子計畫，時時精進、奉獻。我們出家人，本來就是「諸行無常，人命在呼吸之間」。雖然我得了三個癌症，動三次大手術，割掉五個器官，對於病，我有信心跟它同體共生共存。醫療交給醫生，絕對的信任，不走偏方。我不對抗疾病，會在佛法上用功，誦經、禱告、持咒、念佛都做，我也讀經典，我覺得讀書對我還是很重要的。其實《維摩詰經》就是講以生病做為因緣，讓你走入獲得智慧的一個契機，生病沒有那麼嚴重，天下也沒有白生的病，我有時候反而很感謝這場病，讓我對生命有更不同的體會，這不是矯情，佛教有一個名詞叫做「同事攝」，同理心的了解，我一而再、再而三得癌症，從治療化療放療，什麼都做了，病的整個歷程我都走過了，因此，當遇見有癌症的病友、信徒、甚至師兄弟們，我跟他們講起話來，就更有攝受力，更有說服力，原來我生這場病，是有因緣的，是可以跟別人分享怎樣面對生病這件事情，怎樣面對治療過程。所以我覺得癌症沒有那麼可怕，我現在不說，沒有人知道我生病，因為我沒有病到心裡去。也就是，我只有病痛，沒有病苦。

二〇一九年五月採訪整理

珍視善緣的力量
——蕭碧霞師姑

佛光山司庫室顧問。

師父同時做很多事，他不休息，拚命做。他生病以後我們提醒他要照顧身體，太累了就去小睡一下。他就說：「要睡，以後可以睡很長。」他那個意志和生命力，連醫生都佩服。

問：師姑是很早就追隨大師，宜蘭時期的元老？

蕭師姑：我是民國四十五年就在宜蘭聽師父講經。那時我才十五歲，剛考進電信局，有個同事一直拜託說：「你來雷音寺聽講經啊！不然師父會說我們招不到人來聽講，沒有人緣。」我說：「好啦好啦！」就跟著去了。那時候雷音寺很簡陋，還有一些軍眷住在那邊。師父問我住哪裡？我回答他住頭城，他就說：「那你來宜蘭上班要坐半個小時的車，這樣不方便，你要拜佛也不方便，你可以來住我們這裡。」我心裡是想啊，但是不敢，就說：「好，我來聽師父講經。」就這樣開啟佛緣，注定了我的一生。

問：後來你就把電信局的工作辭掉，來幫師父做事了？

蕭師姑：請辭電信局是到了民國六十八年的事。最早師父在宜蘭辦了一個慈愛幼稚園，找不到人幫忙，他叫我去兼著做。我在電信局不能兼差的，便建議師父找慈嘉法師當園長，我去找人來教這些小孩。我就拜託宜蘭國小的一位老師，請她去找校長辦留職停薪，先來幫師父的忙，後來學生人數果然帶動起來了。所以，我是這樣的個性，自己不行的話，也會去拜託別人來做的。

後來師父又辦了普門中學，他又叫我來當總務主任，我想，這個我不會做啊！二十幾年都在電信局，所有的工作都是單一的，總務主任恐怕不能勝任。

師父說：「你來，做做就會了。」我便去辭電信局，局長說，你再一年半個月就可以退休了，為什麼不把事做完呢？隔一年，師父到高雄建佛光山，朝山會館開館，叫我去當館長，所以民國六十九年我就直接到山上來了。

問：館長是要做哪些事？

蕭師姑：剛開始我一竅不通，也沒人幫忙，只有自己來磨一下，想辦法看怎麼做。朝山會館是讓信徒來山上住宿，最傷腦筋的是因為我們這裡離市區遠，沒有一家肯來承包洗被單，後來我沒有辦法，就去買大台的洗衣機，晚上把收集的被單拿來自己洗，早上晾。有經驗之後，再慢慢去找那種一次洗五十條的專業洗衣機，真是從完全不懂開始摸索。後來當然全部包給外面的人做了。

那時候朝山會館人很多，不只是週末、週日，平日人也不少，用餐時間一桌還沒吃完，旁邊就有人在等，很忙的。

問：你除了做總務、當館長，還要照顧吃？

蕭師姑：說實在，做朝山會館餐廳我也完全外行，在家裡也不下廚啊，什麼都要重新學習，幸好做菜師父會教我，如果我煮得不好，他會教我，這個菜要怎麼弄怎麼調味比較好吃，素菜很多是這樣學來的。開始的時候也一樣是沒有幫手，要煮菜又要端菜，後來我就跟遊覽車導遊講，能不能麻煩你調一兩個人來替我端菜，我就每一桌都加你一樣菜，就這樣湊合著也熬過來，後來請到人就不必通通做了。

問：但是每一次有重要的客人來，大師都會請蕭師姑來幫忙做菜，佛光山的素菜很有名。

蕭師姑：師父只要跟我說有什麼客人，我就會下去做，因為我們這裡早些年真正會煮的沒有幾個人，大眾菜可以，精緻的菜我比較了解，食材、配料、調味、擺盤，做久了我自己也會去研究，看書、看雜誌、看電視都可以學著做參考，我也喜歡看藝術的東西，想方法融合在裡面。

問：山上那時候在建設，蓋房子的事情你不管？

蕭師姑：蓋房子的事，就是到我做司庫的時候，因為專門負責錢的事，也必須要關心一下。

問：司庫是管財務的，財務很重要，你要去找錢啊。

蕭師姑：對，要找錢。司庫室還有一位依璞法師，他專門管錢，有錢就交給他，他去銀行處理，我則是專門借錢的。我常跟他開玩笑，我說你很好，是禮拜一到禮拜五正常班；我要籌錢，最重要靠禮拜六、禮拜天，平常比較沒什麼收入。師父的發展很快，這裡要用錢，那裡也要用錢，辦學校，做慈善，等一下又是國外的道場，真的不簡單。

問：聽說你曾經賣掉了自家的六棟房子來周轉？

蕭師姑：那是在宜蘭，剛好錢也是多餘的。早年有一個同事，他家裡做土地投資現金不夠，叫我借給他周轉，我就標會，那時候標一個會才十萬塊，不過以前的十萬塊就滿大的。我借給他借了二十幾年，後來他就寄了六棟房子的權狀來，叫我回去看。房子多出來沒有用，山上要用錢，我就把它賣掉了。我做司庫籌錢就是轉來轉去，如果手上只有一百萬，可是現在馬上要用啊，怎麼辦？只好先開支票開到五百萬，中間我可以再去周轉，很有壓力就是了。

問：你都擔下來了？佛光山發展這麼快，在全世界發展，這個財務是很重要的，真的不容易。

蕭師姑：我很會找錢就是了，我會去借。有時候師父問我說：「師姑，你錢從哪裡來的？」我說：「師父平常也會結緣，我自然會有錢。」我那個時候比較有信心，為什麼呢？我叔叔在做醫生，伯伯也是醫生，沒有錢我可以跟他們借。有一次，佛光大學要拿兩億的基金放在那邊，南華大學要兩億，然後地上物還要花錢。剛好菲律賓那邊急需要道場，正在談的那棟大使館建築物要買下來，房款八千多萬，賣方開會報告說，禮拜六沒有收到匯款，禮拜一就不賣給我們。師父說：「你要想辦法給他匯過去。」我就說：「不曉得錢哪裡來？」

後來我就先把佛光大學那筆基金挪出來先匯過去，回去跟我叔叔借錢。我說：「叔叔，你能不能借我錢？」「多少？」我說：「八千萬。」叔叔說：「你是做什麼大生意，一借就八千萬。」我說：「就是師父要辦大學，你借給我，我會還你。」他聽說因為師父要辦大學，第二天就匯來給我了。我再去跟我爸爸說，有錢就趕快先還給他。

問： 所以師父是靠大家幫忙，你也氣度很大，有魄力。

蕭師姑： 師父平常結緣是很重要的，我就比較可以周轉。如果要開什麼支票，我就想清楚這個錢要從哪裡來，有來路才敢開出去，要算好才行。我爸爸常笑我說：「萬一有一天你周轉不過來，怎麼辦？」我就說：「不要緊，我有爸爸。」我就是跟他這樣說。

問：難怪，大師非常信任你，常常講到蕭師姑，這真的是你跟大師間有很深的緣。

蕭師姑：師父不捨任何一個眾生，他對每一個人都是這樣。我比較特別的就是我並沒有出家，有些事情反而比較好做，譬如出家眾向別人借錢，就覺得不好意思，我是在家眾，不要緊。還有，蓋道場也是非常需要護法的，像以前有個南部的立委很鴨霸，他要在山上弄產業道路，把我們佛光山的地分做兩邊，這怎麼可以？他帶一些村民來，趁著山上辦信徒大會，竟把路擋起來。以前的路很小，兩部車一放就沒辦法通了。我們廚房忙，要拿高麗菜，很不方便！一個瓦斯筒也不能過，要幾個人抬高。我就出面請他們把車開走，不肯哦，兇哦！我氣起來，就叫人把做堆肥的尿桶，灑在他們的車上，結果第二天就開走了。但還沒完哦，他們找一些人來，要跟我們打架，好在我初中的時候，有幾個想要一起去當軍人的同學，後來真的有三個都在警備總部服務，一個在高雄市團管區司令部，我打電話告知狀況，他們就來了，幫忙我們調解。護教也要不同的人幫忙才行，這種事出家眾就不方便出面。

問：因為你不是正式出家，所以從前要去大陸也比較容易，因此大師跟他的母親能及時再相見，這個過程你也出了不少力。

蕭師姑：七〇年代那時候還沒有開放，要去大陸真不容易！後來我就想辦法去拿移民加拿大的護照，我真的很 Lucky，是抽到的，菩薩保佑！我自己也想不到，結果我就用加拿大護照到大陸去了。那個時候還很落後，很辛苦，去他們的機場，說是早上八點多的飛機，一直等到晚上九點還沒有飛，問櫃檯，他們就說，「你聽廣播，你聽廣播！」最後到很晚了，又跟你說不飛了。我們人地生疏，也不曉得要住哪裡，後來就打電話到香港去問，找到法師，才問清楚住哪裡的問題。到了上海我們叫一部車，從早上七點坐上車，到晚上十一點才到江都，找很久也看不到標誌，我們就打電話，請師父的弟弟說好一個地點來接我們，這樣才找到了他家。見到老奶奶，她很高興，雖然都不認識，但她聽到我們說師父，她就很高興了。我們去的那天我記得是元月九號，都下雪了，好冷好冷。

問：從那個時候到兩岸開放探親，中間有常去看她嗎？

蕭師姑：有，大概就是一年去兩次，因為也不可能經常去，去也就是停留一個禮拜。後來為了安排大師跟她見面，就把老奶奶接到香港，母子在香港見面。那時也不可能到台灣，就先安排老奶奶到美國，兩岸開放後，老奶奶才來到台灣，也幸好爭取了前面幾年的時間，大師能盡些孝心。開放後沒有幾年，老奶奶就往生了。

問：真不簡單，你的確做了很多法師們有時候不能做的事。跟隨大師這麼久，佛光山全世界道場應該都跑過了，有沒有什麼特別的印象？

蕭師姑：成立世界佛光會之後，才跟著師父去看看。以前做朝山會館的十年間從來不出國。跟師父出國，大家都很羨慕，其實通通是三點一線而已，就是佛光山、機場、旅館，就回來了。師父都是忙過就趕著回來，人家問去哪裡玩？沒有！有時候師父要結緣，要請客，也不是辦什麼齋的，就是在旅館煮一點麵請人家吃，大家都很高興，就這樣簡單。

但是師父生病以後，出國我們就比較擔心，有一次是去南非，師父心臟痛得叫人看了不忍，我從來沒有看過人家痛成那樣。結果回來一檢查，果然要開刀了。那次出去，就是榮總開心臟的那年。師父就是太忙，開過刀，醫生叫他不能坐飛機，可是過沒多久又坐了，他真的馬不停蹄，一直的忙忙忙。

問：你是從師父年輕時看到現在。

蕭師姑：真的，師父沒有休息過，從年輕就是這樣子。睡覺起來就開始工作，同時做很多事。他吃飯也很快，不要十分鐘就吃完。他不休息，拚命做，他生病以後我們會提醒他要照顧自己的身體，跟他說：「師父你開過幾次刀，你這樣太累，應該去睡一下，不要這麼辛苦。」他就說：「要睡，以後可以睡很長。」沒辦法，師父真的太勤勞了。他那個意志和生命力，連醫生都佩服。像他寫那個「一筆字」，一寫寫幾百張，不肯停。有事去忙，忙完馬上又接著寫，我在旁邊看，勸他你不要再寫了。他說：「我要寫給人家結緣的。」還是在寫。直到最近手痛很嚴重了才暫時停下。

問：你跟在大師旁邊做事，也受他影響很多啊。

蕭師姑：

佛光山的人都這樣，我快八十歲了，還是繼續在做，因為我自己也閒不下來；有事做，日子比較好過。還有，師父也需要大家一起動腦筋、出力，一些瑣碎的事，就儘量不去麻煩師父，接下來就自己負責。比如建佛館的時候，我是負責禮敬大廳的，因為前面的工程時間不好控制，要趕過年開幕來不及了，可是師父說一定要趕，那怎麼辦？我就跑到台北找承包裝潢的公司，他是答應了，也儘量在趕，結果只有二層樓還是沒辦法裝潢完工，我就叫他先把輕鋼架弄好，地上鋪好，我說我們就來弄一個素食自助餐，一個人一百塊吃到飽，賣得真的很便宜，有十樣菜，很符合大家需要，結果生意很不錯，到現在都沒有改，就做出來了。

佛館不收門票，師父也不是為了賺錢，給人家方便就好。都不要錢，那佛館怎麼維持？所以禮敬大廳，有讓商家來做生意，像 7-11、星巴克，收回來的錢就是發服務員工的薪水，能夠打平就好了。

問：師父做事講求效率，給你們的壓力很大嗎？

蕭師姑：還好啦，這樣已經過了那麼多年，天天都這樣過。而且我這個人比較雞婆，還會自己找出事來做。像今年上山這條路的星光燈，以前掛過，但已經好幾年都沒掛了。我拜託管的人，建議把那個星光燈弄出來，他們說，今年沒有打算做這個。我就去跟師父說：「今年我們把那個星光燈再掛出來好不好？因為材料都有，不要再花錢。」師父也很節省，他說：「不花錢，好啊！已經六年沒有做了。」師父記得六年，他頭腦太好了。你看，掛上星光燈，很多人來照相。

我知道，師父希望每一個人願意出來承擔做事，這件事誰負責的，大家都要幫忙他。師父強調的「集體創作」就是這樣，所以才能夠做得很快，很有效率。像佛館，你看現在人很多，每天都有人來，很開心。

問：你從大師身上學習到很多，或者是特別感動的是什麼？

蕭師姑：師父就是從來不說一個「NO」字，就是心甘情願，你找他做事什麼都說「好」，他還指導你怎麼做。他管教出家眾比較嚴，對我們在家眾都是很親切，從來不會生氣。他廣結善緣，老老少少跟他相處都很歡喜，也是因為這樣歡喜才來的。我是看到很多例子的。比如到巴黎，巴黎本來是沒有什麼信徒，後來師父去了，慢慢就有很多人來，大家就會被他感召，真的很不簡單。現在在大陸也是一樣，以前他們對出家眾很不尊敬的，因為戒律不嚴，近幾年師父去了就不一樣了，現在改變很多。

問：大師還有什麼計畫要做？

蕭師姑：最近都在做學術的事，要建立人間佛教的學術定位。要把祖庭大覺寺趕快建好。已經建設很多了，還在建觀音殿、藏經樓、朝山會館。另外還有南京天隆寺在建，這個寺完全沒有跟人家募款，就是用師父的墨寶結緣結出來的。

問：你覺得大師現在最大的心願，對於佛光山或是對弟子的期望是什麼？

蕭師姑：師父希望大家能夠團結合作，這麼大的佛光山團結最要緊了。團結起來就能弘揚人間佛教，弘法五大洲。

二〇一八年三月採訪整理

難行更要前行

——慧傳法師

佛光山寺常務副住持、佛光山寺都監院院長。

大師對做一件事情的認真執著，用一句台灣話叫做「追到走投無路」。他看我們已經做不起來了，就會自己去想辦法，也不用什麼計畫書，不用畫圖，什麼事情對他來講都舉重若輕很簡單。

問： 佛光山的弟子中，好像有不少是一家兩三代人都護持大師，也有兄弟姐妹都追隨大師出家，尤其在辛苦開山的早期。你也是最早宜蘭時期的弟子，那時候應該年紀很小吧，還記得第一次見到大師的情形嗎？

慧傳法師： 應該是幼兒時期就見過大師，但那時印象模糊，只記得他好高大的一個人，後來聽長輩說他是我們家的師父。我的祖父、外祖父、外祖母，我母親、父親，都是大師的皈依弟子，但是我父親在我兩歲的時候就往生了，家人後來告訴我，那整個的佛事法會，就是大師幫我們操辦的。

問： 你長大後是很自然的跟隨大師出家？

慧傳法師： 也可以這麼說。我們家跟大師的緣，源自於我的外祖父李決和老居士。有一次他看到一位叫星雲的法師寫的一些文章，他說：「唉呀，這個道理講得太通透了，就是我所追求的，很多我不了解的地方，這位法師都幫我解答了。」所以外祖父就一直很想見到師父，他找了幾位同參道友一起去台北，禮請師父到宜蘭來弘法，就這樣注定了我們家族跟師父很深的因緣。

至於我自己，我聽母親說，她在懷著我的時候，不知道為什麼，就很喜歡到宜蘭雷音寺去聆聽師父講經說法。那時候家裡開了一家叫做「天理堂」的小香鋪，賣香燭類的商品，只要聽說師父現在準備開講了，母親就把店面關起來趕去寺裡，聽完了趕快回來，再把店面打開。照母親講的就是我還沒有出世，就跟著她進出雷音寺了。我生在這個家族裡，跟師父的接觸當然就很多。

父親在我兩歲過世，師父除了幫忙我們辦告別式、殯葬這類法事，母親更感念師父對我們家的關照，因為父親往生了，接下來香鋪的生意母親要獨力撐起，有些從前父親出去備辦的進貨，在宜蘭不見得買得到。那時師父因為在三重有一個文化服務處，常常會到台北去，去之前他會來問：「你們家裡有沒有需要買什麼東西回來？」母親跟我說，那時候師父是走路去火車站，回來的時候就搭三輪車，為什麼？因為攜帶我們香鋪要的東西。所以母親常說，這是師父對我們方家的一種恩德，絕對不能忘記。

我從小對這個師父就想要親近，有一種恩人的感覺。六歲我去師父創辦的慈愛幼稚園讀書，師父辦什麼活動，我就開始跟在後面跑，甚至像演講比賽、佛誕節，我都會去參加。逢到初一、十五，或是佛菩薩聖誕，我的外祖父、外祖母、我母親，都會到雷音寺去幫忙，中午就在寺裡跟著過堂吃飯，寺院就像自己的家裡一樣，整個童年就是這樣度過。

慢慢長大到國高中以後，每到了寒暑假，甚至過年期間，最喜歡待的地方就是佛光山，待在這邊要做什麼，其實自己也不知道，但就是感覺很喜歡。那時候的佛光山，像大雄寶殿、大佛城，都是剛剛在建設，我年紀小其實沒什麼力氣，也會跟著一起幫忙，因為看到師父、很多法師、信徒、這邊佛學院的學生，都在幫忙，我也很榮幸一起參與，跟著去搬水泥，用攪拌器摻和砂子。我最記得忙到一個階段，師父就去煮點心給我們吃，他煮的麵特別好吃，有時候他都會親自一碗一碗拿給我們。我的青少年階段最充實的就是寒暑假在佛光山的日子。

當兵結束了以後，就要抉擇自己的人生方向到底在哪裡，剛好佛學院男眾學部這邊，正在辦理一個男眾專修院，我覺得這是個很好的時機，跟家裡的人報告後，當然他們都是支持的，這一切好像是一種很順的因緣，就來佛學院讀書了。

不多久，常住知道我當兵的時候是預官，而且分配到政戰科，曾經管過兵，也擔任過心理輔導，認為我可以到普門中學，去做訓導主任的工作，那個時候教師還不需要特別的資格限制，我就去做訓導工作了，這差不多是在三十年前的事。普門中學是一所住宿型的學校，我去了之後，發現很多學生的處境滿艱困的，有些是單親，有些甚至是父母雙亡，也有一些本是正常家庭，但父母都要到外地去工作的，所以把孩子送到住宿學校，讓我們來照顧，禮拜五才接回去，他們去工作會比較安心。慢慢了解了這些學生，覺得這是一個有教育使命的工作，如果要真正長期的來照顧這些孩子，能夠終身奉獻比較好。

一九八八年，西來寺落成，要舉辦三壇大戒，我的阿姨，就是慈莊法師，從美國打電話來說：「這個是一個很好的時機，你應該要下定決心，不要再猶豫了。」我就很順的說：「ＯＫ，我就來參加。」我覺得這一剎那很順的一句ＯＫ，就是一個時間點，時間到了！我並不像人家說的，好像要經過大起大落、大風大浪以後，才會決心出家，我完全是不一樣的狀況，因為打從娘胎起我就是在佛教的環境中長大，所以不會有遲疑，家裡的人也不會反對，再加上已經看到佛光山在為整個社會、人間奉獻，又碰到三壇大戒這麼重要的時機，剎那發心，水到渠成，就走上了出家這一條路。

問：你後來調職到美國西來寺，參與人間佛教在海外的弘法？

慧傳法師：佛光山的國際化是大師很早就在思考的，機緣到的時候一個個都開花結果。說起來就是敬佩前輩的法師們，像西來寺是建得非常辛苦，我一九八八年才出家，據了解一九七八年師父和慈莊法師他們幾位就已經去籌備，但不在目前這個地方，是在洛杉磯的加迪納市（Gardena City）先買下一個小教堂開始的，中間又有經過擴大、搬遷，後來才找到現在西來寺這塊地，經過很多波折興建起來。這個歷史我是大概知道，但並沒有真正參與最辛苦的階段。其實就算是高雄佛光山開山的部分，我也沒有完全實際參與，那一段的艱辛困苦，總是聽前輩在講述，真是令人動容。

一九九四年為什麼我會調到西來寺，因為國際佛光會的總部是設在西來寺，我去擔任副祕書長的職務，主要是為大眾服務，也協助西來寺做一些事情，譬如寺裡辦短期出家，受五戒、菩薩戒，信徒的講習會……等等，他們會請我上一堂課，叫做認識戒常住，戒常住就是受戒的地方的這一個寺廟，等於要介紹西來寺，我就想，必須要深入一點，不能夠只講講歷史。就去訪問以前在這邊打拚過的一些師兄，或是曾經在這邊奉獻發心的信徒，才慢慢了解西來寺的建設真的非常的不容易。在美國要建房子跟台灣很不一樣，台灣以前可能對農業區、工業區、住宅區、商業區等等畫分沒那麼嚴格，美國是分得很清楚的，土地用途不能夠混淆，要取得建照要通過一關又一關的法定手續，領照比建築本身還困難，況且我們預定地哈仙達崗 Hacienda Heights 那個地方，屬於居住的區塊，雖然是比較獨立的一個山林，但周遭環境任何變動都會引起附近居民關注。人家會覺得你們過來這邊，會不會影響交通、寧靜，甚至那時候還被人家認為，會不會是一個 Cult 邪教。因為美國人有的從沒有看過佛教的出家人，看我們都穿黑色衣服，覺得奇怪，怎麼那邊天天有喪禮似的，經過六次的公聽會，都還不能夠通過，我們只好私底下去找人家幫忙，開一百多次的協調會。因為公聽會之前必須要連署名單先通過，常常到了公聽會之前的緊要關頭，名單的人數還沒有達到規定，這時候就要一一去拜託人家。聽那時的師兄們講，下著大雨，去跟人家敲門，拜託請簽個名，支持我們建寺院，常常就是吃了閉門羹，人家根本不甩你，就把門啪的一聲關起來，甚至還要遭受到一些辱罵。早年的師兄為了把西來寺建造完成，為了要把佛法弘揚到美國來，千辛萬苦也堅守崗位絕不退縮。經歷好多年慢慢溝通，慢慢讓人家了解，到了最後，很有意思，有一個牧師反而站出來支持我們蓋西來寺，為什麼？因為牧師太太是越南人，越南很多佛教徒，牧師就講，自從我太太知道這裡要蓋佛寺，她非常高興，因為離鄉背井，在這邊竟然可以延續她原來的宗教信仰，讓她整個人開朗起來。牧師將心比心，覺得西來寺在這個地方，一定可以照顧更多佛教徒。一番大義陳詞，竟然說動了許多居民，最後翻盤通過了。

在國外蓋寺院，真的沒有那麼容易，因為國情的不同，文化的不同，遭受到的限制也不同。西來寺雖然建成了，我們還是很小心的跟當地保持良好關係，像七月四號美國的國慶日，我們會去參加遊行，不是玫瑰花車遊行，因為那個太高級了，每一台花車都好幾萬甚至幾十萬美金，我們是做不到的，我們去參加 Local 的叫做國慶遊行，幾十年下來，還得了好幾次的總冠軍，因為隊伍很大，花車漂亮，唱 I love America 也唱得很大聲，這樣就獲得了在地的一種認同，美國人就給你鼓掌，這就是一種入境問俗，敦親睦鄰，在國慶日之前，甚至還要去幫忙掃地。洛杉磯看起來是很富裕的地方，但畢竟還是有一些人生活得很辛苦，所以我們也會做一些慈善救助工作，尤其每年他們的感恩節或者是 Christmas 快到的時候，就送出一些禮物。我們也會跟當地的警察一起，送禮物給學區比較貧寒的孩子。美國警察這一招很厲害，他們主要的目的是去查探某一個孩子，他有沒有回家，他的爸爸媽媽現在在做什麼，從而了解並掌握整個社區的治安狀況。經過多年的相處，居民普遍認為我們都很 Nice，還會主動打電話來：請問一下，你們今年有沒有辦敦親睦鄰？當地的社區委員會做社區簡介，還把西來寺的地圖放在封面。三十年前受到排擠，三十年後得到認同，就是要透過充分的了解和溝通。美國人是很重視社區寧靜的，晨間夜晚發出太大的聲音，就會被告，所以我們做法會時間要安排好，太早太晚不行，太早做早課也不行，如果被人家告了屬實，大門就會用封條封起來，門都不能開了，非常嚴格的，所以我們都學會了格外小心，不要觸犯到法令。我記得前年去美國參加國際佛光青年的大會，他們說晚上要辦佛光之夜，我說太危險了，依以前的經驗會被告，他們說現在不會了，為什麼？因為有請社區委員會的董事一起來參加，而且是禮拜五，美國人禮拜五是可以 Relax 一下，聲音大一點沒關係。現在更融入當地了。

問：這也是人間佛教海外弘法的必要過程？

慧傳法師：從最初國際化的劍拔弩張，到本土化融入當地的過程，讓我們體會到大師說的「給」，我們在海外的弘法，也是給出來的，沒有這個給，今天不會得到人家對我們這麼認同。

現在台灣有一些寺院，也是去美國發展，就來問我們是怎麼通過的，然後也希望我們給他們資源。我告訴他們，不要只按照自己的想法去做事，一定要聽聽當地人怎麼想，因為他們害怕你來會造成什麼問題，所以你就要公開，讓他看，讓他能夠信任。而且一定要給，但不要用自己的想法給，要依照他們的想法給。我覺得大師的這一個給，是有同理心的，不是說我高高在上的給，是給你的時候還要尊重你，還要體諒到你的想法，讓你有尊嚴，這種給，人家就會接受。我們能分享的就是這樣一個很好的理念，在海外做的一個很深的功課。

問：那你是什麼時候又調回台灣，剛回來有沒有一些不適應？

慧傳法師：我是二〇〇三年十月回到佛光山，就擔任都監院的工作。佛光山通常都是這時候辦五戒菩薩戒，辦七天，接著就是十一月底、十二月初的水陸法會，我回來的時候當然就要趕快做事，顧不及有什麼時差，什麼身體不適應。不過說實在，身體不適應是很正常的，那邊的空氣那麼好，天高氣爽，台灣南部到十月還是天天在流汗。好不容易水陸法會結束了，終於可以休息一下，把都監院該做的事情好好弄清楚。正在做準備的時候，我們的書記看我幾天都沒有動作，他說：「院長，接下來有一件事很恐怖。」我說：「什麼事情？」他說：「今年過年是一月下旬，只剩下兩個月，過年的事情都還沒處理。」我說：「兩個月，你們就按照以前的處理啊！」他說：「以前可以處理，現在沒有辦法。」「為什麼？」他說：「因為大師要把燈會，包括我們現在預備蓋佛陀紀念館這邊，一併處理。」

我還搞不清楚佛陀紀念館用地長什麼樣子，因為回來都在忙碌中，我那天就特別開車過去看，覺得還好，那邊的房子、樹木、荔枝林都很漂亮。我說：「這邊很好啊，過年有什麼關係？」他說：「大師的意思不是這樣子，他要把佛光山連到這邊來。」我說：「連過來，好，我們去看。」這一看，愈深入愈可怕，因為現有的路差不多只有三四張桌子寬，而且都長滿亂七八糟的雜樹，尤其樹木草叢好多蚊子，走一趟下來被叮了好幾個疱，叮下去你都不知道，等到開始癢了已經腫好大。我實際走一次，整個人都傻掉了，簡直就是一座山隔著，我說：「這怎麼有辦法通通過來這裡。」唉呀，又不敢去跟大師講，這真是很尷尬的事。我就去找人，看怎麼樣把這個山打通，在短短的一個月內，把這個山跟這邊的地，也就是現在的佛光大道連在一起。

動工程時，師父有時候也會來看我們，地整好了以後，師父開始要求了，這邊怎麼黃土還那麼多？這邊怎麼塵土飛揚，這邊這樣怎麼行？早上看一次，中午看一次，晚上又看一次，隨時隨地來看，用一句台灣話叫做「追到走投無路」，因為，早上講，下午就要完成了，你有辦法嗎？但這就是大師對做一件事情的認真執著，他看我們已經做不起來了，這時候他就會自己去想辦法。他就叫那時負責淨土的法師，「來！在佛光山後面蓋一個商店街，人家走過來，這邊可以歇腳，要吃個東西這裡可以，你就把它弄好。然後到那邊去把土推進去，土不能夠讓人看到，不能夠塵土飛揚。」「你要去弄花燈，這邊蓋一個叫花燈牆，晚上這邊太暗，要讓人看得清楚。」「你來負責做……，」大師指揮若定，我頭暈腦脹，現在還搞不清楚那兩個多月是怎麼度過的。這是大師處處要給人家方便，給人家歡喜，在二〇〇四年這個階段，我還沒有去思考那麼多，要是事後好好思考的話，可以感受出師父的那種慈悲，我只忙著做師父交代的事。

師父甚至還要弄一個「虎豹山林」，他親自去選材，材料過來以後，教我們怎麼搬、怎麼放。還有「生公說法，頑石點頭」，石頭還要會動，師父等於總設計師，我們跟在他後面，只知道拚命的做做做。另一方面，我看到師父碰到困難時，他為什麼不覺得困難呢？他就是能舉重若輕的去克服。快要完成的時候，師父說：「來，全山大眾，一起看花燈。」其實花燈還沒有真的弄出來，大師就叫我跟在他後面，拿著那個大聲公，師父講什麼，我就要趕快用大聲公擴音出來。他一邊走一邊說，這裡要什麼，那裡要什麼，那時候還弄個動物園，都是在那兩個月之內完成的。然後又迎一尊金佛，（現在放在金佛殿的那一尊），供奉在大約現在五和塔的位置讓信眾膜拜。大師也不用什麼計畫書，不用畫圖，什麼事情對他來講都很簡單，他說什麼時候可以完成，真的都完成，所以也很刺激，滿好玩的。現在想起來是好玩，那時候很可怕，真的，那時候，唯一最大的奢侈，就是能夠讓我睡一個覺，讓我補一個眠，有時候壓力大到不知道該怎麼辦，只求休息半個小時，頭腦清醒了再去拚。很有幸，我可以度過那一段時間。

問： 就你來看，佛光山的未來發展，如何成為一個符合未來需求的人間佛教世界？

慧傳法師： 其實二、三十年前，大師就已經在講「佛教的前途在哪裡？」全集裡面有這一篇文章，那時候我記住的重點是，對於出家人，你應該要扮演什麼角色；男眾，你應該扮演什麼角色；女眾，你應該扮演什麼角色；大師談這些根本理念，它是一直綿貫下去的，可能這個階段他想到就是下個階段，每個階段都有未來嘛！每個階段都有下個階段的計畫要開展，但那個種子，快六十年了，他還是反覆的提出，真的就叫做「不忘初心」。

現在的佛光山人人都說很大，大師所辦的事業又那麼多，人家問，到底是怎麼管理的？大師一句話非常的重要，他說：「我都不管，都是自我管理的。」為什麼每個單位每個事業都能自我管理呢？主要是自覺教育很扎實，主事者都不會偏離當初的發心奉獻，自我覺悟應該要謹守怎樣的角色，自己覺悟應該要再怎麼努力，有了這個自覺，自然就會自我管理。這個基礎，是從受叢林教育就打下的。

舉一個例子來說吧，最近普門中學不管是棒球隊、籃球隊，都有很好的成績，籃球已經得到兩次HBL的冠軍，棒球在木棒盃的比賽，去年得到季軍，今年（二〇一八）是得到亞軍。當初吸收這些孩子進來的時候，他們並不是頂尖的高手，勉強接近一、二流的階段，甚至有一些三流的選手，把他們招進來，如何讓他的成績能夠突飛猛進，就是要讓他們有自覺，能夠自我管理。像今年的過年，一樣給他們放假，結果過年期間，他們沒有跑去玩，而是主動到公園、學校，作自主訓練，這讓我們很感動。孩子還自己打電話給教練，說想要練習，到哪邊練習比較好？他們就是把爭取榮譽成績當做最重要的目標，否則，再怎麼打鴨子上架，是沒有辦法逼他們去打球的。對這些孩子，我們就是做了一件事情，要求他們每天早上起來，一定要自己把棉被摺好，把內務整理好，也許有人覺得，這種簡單的生活教育誰不會？但一起床就認認真真、心甘情願的把內務整理好，代表今天的精神已經開始集中，生活正常就緒了，所以接下來的訓練，就會扎扎實實的訓練自己，全力以赴的練習，把每個動作做到位，達到一種到位的節奏之後，縱然在低潮你的實力仍在，只要穩住度過，馬上又能夠恢復到最佳狀態。這種規律，這種狀態，甚至在動態中不可思議的境界，跟佛教有什麼關係？有關係！就是活在每個當下，每個當下都清楚明白，知道自己要做什麼。白天的訓練告段落了，晚上還沒就寢以前，要讀書或上課，課業不能落下，還要繼續加強，不要到了最後讓人家認為，體育選手都是四肢發達，頭腦簡單。所以普門中學有一句話：「我們要用心成就每個學生，不是用心帶好每個學生。」成就的意思是什麼？你有體育專長，就從體育專長給你好好的栽培；你有讀書專長，就從讀書專長栽培你；你有音樂天分的，就從音樂領域去栽培。只要找到興趣和目標，孩子他就會懂得自我管理。

現在很多孩子就是沒有方向和目標，所以他不知道自己為何而活，也不知道自己能做什麼，再加上老師講的話他聽不懂，就乾脆放棄了自己。幫助孩子找到一個方向，大人是有責任的。我在教育孩子的過程，的確發現有些國中階段的孩子顯得很笨，但不見得他一輩子都笨，他可能要慢慢熬，熬到了大一點他會開竅，所以用心成就一個孩子，不是只在智育方面，從德育當中，健全他基本的品性，也很重要。

問：培養年輕一代，就是為未來打基礎。佛光山的教育如何跟佛法結合？

慧傳法師：無論對出家眾、在家眾，佛光山的教育很注重八正道的生活（就是正見、正思惟、正語、正業、正命、正精進、正念、正定），這個跟外面的教育方式有些不一樣。我們的學生，都要學習禪坐，學習禪定。我再以普中的棒球隊為例，在比賽之前，全隊會全部手拉著手，先念《般若波羅蜜多心經》，代表團隊一心，而且比賽必有勝負，他們同學跟同學之間，除了球場競技，也要學會同理心，讓別的同學能夠高高興興打球，避免因輸贏、低潮而嘔氣。普中的棒球本身就分成鋁棒隊、木棒隊，鋁棒隊打球，木棒隊的同學會為他們加油，而且會去做海報，介紹他們的特殊專長，某一個球員要上場時，他們就去播放那個特殊音樂，就像大聯盟一樣。如果木棒隊打球，鋁棒隊就幫他加油，有哪個球員因為低潮或生氣了走回來，同學就會把看板拿出來：要微笑！他還是不微笑，隊長就會去把他的嘴巴拉開，開開玩笑之後，可能氣氛就輕鬆了。因為人一輕鬆，他的打球節奏，才不會跟著別人跑。這就是一種禪定修養的產生。還有，我們的球隊同學不光是練球打球，他們要自己做球場的維護整理，甚至包括他寢室的粉刷，都要自己來。這是學習「尊重」，尊重這個場地，尊重球具，尊重對手，尊重教練，尊重同學，尊重每一樣接觸的，那自然而然他的心就很平靜，球場上落後的時候，他也能不急躁，一分一分的再去追回來。

問：所以未來要讓佛法充分運用在體育運動方面囉。

慧傳法師：當然不止這一個項目，大師最近就講，未來佛光山的五十年，除了教育、文化、藝術，還有音樂、體育跟資訊、學術的發展。其中就有一項體育。體育運動能夠更擴大我們的社會參與層面，我最近外出碰到一些我不認識、他們原本也對佛光山不太知道的人，一看我的名片普門中學，就說：「你們最近那個籃球打冠軍。」這就馬上有一些交集，他們就知道普門中學是佛光山辦的學校了。

我們這一屆的 HBL 女籃會得到冠軍，很多人也是跌破眼鏡，原本我們三個主將，兩個身高一六三公分，一個一五五公分，三個都是後衛，後來有一個是剛剛從國中乙組升上來的，另外一個雖然身高有一七六公分左右，但剛開始打球不久，教練要把他們組合起來，真的是煞費苦心。因為其中有一個主將，已經非常厲害，三分球、切入、運球都很厲害，他從國中升到我們高中的時候，第一年就提為「新人后」，然後就被體育部門選為U16的國手，十八歲高三的時候，又選為U18國手，教練知道，大家的箭頭一定都指向他，如果他一失常，這個隊的身高至少差人家五到十公分，籃板球輸很多，怎麼辦？所以教練就跟他們談，談了很多次。結果有一天，我們的這個主將，他自己體會到一件很重要的事，他說新人后他得過了，U16也得到了，U18也得到了，所有的榮耀我都得到了，我現在應該「放下」，讓其他的球員去發揮。唉呀！年輕人能這樣為別人、為團體設想很了不起。

尤其我們有一個三分線的射手，他已經練到球拿到就像柯瑞 Curry，就咻的一聲進去了，所以這一次的比賽他大大發揮，十一個球投進八個三分球。破紀錄的一個人就得三十七分。我這次也充分體會到，人人都發揮的「集體創作」好重要，能夠無私無我的放下，團隊才有辦法達到一種境界，才能有突破性的進步。

問：道理聽起來滿簡單，其實上做到非常不容易。

慧傳法師：的確，要放下自己獲得榮耀的機會，在最重要的一刻，完全歸給別人，你能捨下嗎？一般人是捨不下的，但我們的球員經過自我深思及調整以後，他捨下來，所以讓球隊得到了冠軍，否則我們並不被看好，今年會進八強已經不錯了，進四強算是奇蹟了，而得到冠軍更叫做 Mission Impossible。而那個「放下」的關鍵是透過佛法的薰陶做到的。

問：以後佛光山會不會有一門運動學，培養球員運動員的心理素質？或是整個團隊的運作管理。

慧傳法師：一般來講，我們並不是只培養那種會打球的孩子，剛才說了要成就每一個學生，他的球技也許不是挺好，但他在某一方面有特殊優點，我們一樣要成就他。這一次我們有一個一六三公分、三年級的學生，今年被選上南華大學的棒球隊，這個人是在用頭腦打球，他是二壘手，很懂得策動內外來共同防守，而且可以預測球的方向。所以只要有某一種天分或專長，都值得成就他。管理也就是前面說的，從生活作息開始的自覺和自我管理。

問：你聽大師開示人間佛教的未來，最有體會的是什麼？

慧傳法師：我最近聽大師講一句話覺得很震撼，大師說：你好，我好，大家好，它就是「我是佛」。對呀！佛有三種覺：自覺，覺他，覺行圓滿。我好，代表我已經成就了，我已經沒有任何的罣礙了，不就是自覺嗎？我好以外，要讓別人也能夠健全，也能夠不受罣礙，不就是覺他嗎？那你好，我好加起來，不就是大家好？不就是每個人都是佛嗎？所以每一次在皈依受戒的時候，大師要大家說「我是佛」，有些人不敢說，但是大師問：「你們做得到你好，我好，大家好嗎？」大家都說：「我可以。」我想，人間佛教的未來，就是要透過不同的介面讓不同的人能夠懂，我們正在努力中。

二〇一八年四月採訪整理

以佛法滋潤大眾
——永光法師

佛光山菲律賓教區總住持。

我問Junrey：「你才演太子兩年，現在訓練三號太子了，你能把這個機會讓給他嗎？」他就說：「師父，星雲大師已經給我國際視野和心胸，我相信這個機會是很多年輕人需要的，我們現在需要傳承。」

我非常感動，孩子們不只是演出而已，他們還能透過演出，把佛理真的運用在生活上。

問：你主要的弘法地點在菲律賓。菲律賓離台灣近，華僑也多，大師早在一九六三年，跟隨「佛教訪問團」前往菲律賓訪問，就跟當地的佛教法師、居士大德結過緣，但菲律賓是個天主教國家，佛教也早有先行者到來，佛光山開始弘法站住腳跟不容易，請談談當初是怎麼來開創的。

永光法師：佛光山與菲律賓的因緣，是從宿霧慈恩寺開始的，本地華僑呂林珠珠師姐，為了紀念她的婆婆建了這個寺廟，建好以後沒有法師，朋友跟她推薦，說台灣佛光山的法師非常多，可以請來住持。大師了解後感覺他們夫婦一片孝心，就派我到這裡。其實佛光山全世界各個寺廟，大部分都是因緣而來，當地信徒需要，民眾需要，我們就前往。

一九八九年初到宿霧，我們當然知道菲律賓是天主教國家，不過還是有很多閩南來的華僑，他們需要佛教。當地人對於佛教，最初並不是很清楚，我們就由教育開始做，成立兒童班、茶道班，教孩子們使用筷子，教他們寫毛筆字，教他們打拳，讓他們慢慢地接近佛法、接近佛光山，接近人間佛教，起源就是這樣開始的。

後來描戈律島的信徒知道了就邀請我過去，最初大約一個月去一次，早上六點鐘出門坐大巴士，然後坐船，然後再坐巴士，下午三點才到，交通相當不便。當地中文普通話不普及，只好從教唱大師的佛曲開始，唱「春有百花秋有月，夏有涼風冬有雪，若無閒事掛心頭，便是人間好時節」等等，唱著唱著弄熟了，開始講一些生活中的佛法，每次法會結束就請他們吃素食，效果不錯，最初或許七八個人，下個月來的時候，就有十幾個人，再過些日子，人愈來愈多，多到擠不下了，就在那邊成立了一個道場圓通寺。

大師覺得首都馬尼拉還是非常重要，希望我到馬尼拉去，於是慈恩寺的法師借給我三尊佛像，描戈律的法師借給我兩萬塊，借住在信徒提供的菜市場旁的小房子裡。中國城就在菜市場旁邊，我每天都在菜市場走來走去，就在思維師父的話，人間佛教就是滿足「人要的」，這裡的人需要什麼呢？我要幫忙什麼呢？天天出現在菜市場，就開始有親和善良的人，看到我打招呼，然後他就問：「師父你道場在哪裡？」我就趕快指方向，告訴他們道場的位置。所以在中國城將近一年的時間，馬尼拉的信徒都是從菜市場撿回來的。

從宿霧、描戈律到馬尼拉，我覺得就是一個信心，師父要我們來，我們就聽話，拖了皮箱就來了。當地的一些天災人禍，我們也碰上了。譬如推翻馬可仕總統的兵變，外面很亂，功德主就講，機場被占了，如果等到飛機可以飛，我第一個送你回佛光山。可是我心裡想，我才來沒多久就要回去，實在不好。後來大師打電話來，他說：「你自己看著辦，要留下，還是要回來，都可以。」我決定留下，心裡想我會包紮，有什麼事情的話，基本上還能照顧。後來又遇上火山爆發，遇上破六十年紀錄的大颱風，慈恩寺三面玻璃全部吹垮了，那時還有菲律賓人趁災打劫，要拿走我們的鋁窗的框。當下我就拿了一根大棍子，指著賊說：「你們有良心嗎？我在受難，你還要來偷我的東西！」應該就是小賊，嚇跑了。後來信徒說：「師父你那麼厲害，你會講菲律賓話？」我說我講國語，不過他們可能看我的表情悲憤，不好欺負。那個颱風，慈恩寺這裡一個月沒有水沒有電，但還是撐過去了。

問：這些災難沒有讓你動搖信心嗎？

永光法師：我後來領悟到，愈是在災難的時刻，信仰的力量就愈真實，我跟佛祖乞求，希望這個地方不要這麼多災難，百姓們太苦了。那時我們就組了救災隊，因為大多數民間的救災，都會去比較安全的地方，真正偏遠受災嚴重的地區，有些危險，我們就本著菩薩心腸，到山區去送米，送物資，結果菲律賓當地人很感動，他們說政府、教會都還沒來，居然佛教先來了。我們去的時候把大師的法相放在前面當「護身符」，增強信心，當地菲律賓人看到大師的法相都會合掌，覺得很像他們的教宗。我們賑災都把米、食物親自送到災民手上，讓他們得到立即的幫助，不用等待，所以就建立了很直接的友善關係。但也會讓他們知道，佛光山救急不救貧，大師的原則是急難的時候我們去幫忙，平日裡還是透過教育幫助下一代學習本事，能夠自己改善家鄉的生活。

問：教育從哪裡做起？

永光法師：先舉一個例子。大師知道當地的孩子喜歡唱歌，喜歡跳舞，喜歡表演，所以他一直有個心願，在這裡成立一個專門的學校，當然辦學校也必須因緣俱足，還無法設立之前，先有一支以孩子興趣和天賦發揮的「悉達多音樂劇」。這裡的孩子聲音好，他們都能唱現場，所以就從研讀星雲大師《釋迦牟尼佛傳》這本書開始，根據故事來編劇。當時佛光山有「人間音緣」音樂比賽，大師寫了一千首歌詞，讓全世界來譜曲，菲律賓每年都得獎，還曾經得過第一名，那些歌曲都很優美，我們就把它串連在悉達多音樂劇裡面。在菲律賓第一場演出的時候，觀眾六千人，第二場又是六千人，我們原本擔心觀眾都是天主教徒，不知道佛陀，因為孩子用英文唱，用英文來講我們的佛陀，可能難度高一點，但他們兩小時就這樣唱下來了。觀眾出來以後說：「原來佛陀是個人！真的好感謝，你們介紹一位這麼偉大的人。」這時發現音樂的感染力就是這麼強，一唱出來以後，人與人之間就沒有距離了。

起步的成功，讓我們有信心朝這個方向發展，後來被邀請到馬尼拉國家劇院演出，又造成轟動和話題，菲律賓的天主教青少年演出佛教的《釋迦牟尼佛傳》，當時我們也擔心，會不會發生宗教的爭議？可是孩子們都會告訴父母，星雲大師在幫助他們，已經跨越宗教，跨越種族，大師要求找最好的老師、最好的導演來教他們，啟發他們的潛能，孩子們知道，也都很感恩，他們都是自發性的來參與，彩排期間只有給他們一點車馬費，到馬尼拉去表演，只能發一點零用錢，我看到他們彩排時的投入，如果沒有對藝術的熱愛，我想那是很辛苦的。

這些菲律賓的孩子都很樂天，從來不抱怨。「悉達多音樂劇」到現在已經十年了，演出一百零八場，去過十一個國家，他們長成了青年，他們感謝星雲大師給的這個平台。每一次佛光山全世界集合的徒眾講習會，大概都有一千三百多位法師聚集會議，大師都說要支持「悉達多音樂劇」，甚至當他們演了一百場，呈獻給大師賀九十歲生日的時候，大師居然講了一句：「悉達多音樂劇是我們佛教的榮耀。」當時大家都哭了，能受到大師這樣的稱讚，是多大的鼓勵。

十年間，當年的孩子成長，有些已經有教師的資格，他們現在教導第二代，佛陀悉達多的角色，已經出現第五個了，一個接一個傳承。當初辦學校的願景，現在興建的光明大學設有藝術系，這是一個更專業的教育系統。光明大學的學生排演「悉達多音樂劇」，前輩當指導老師，甚至到光明大學教書，這樣音樂劇教育就能代代傳承下去，並發展出新的領域。

問：現在已經有五個悉達多主角，雖然有先來後到，中間會不會發生一些檯面上或心理上的競爭？

永光法師：我覺得佛教的劇團跟一般的演藝劇團不一樣，不論「悉達多音樂劇」或是「三好劇團」，主要的功能是教育，用戲劇形式弘揚人間佛教，這裡面又涵蓋了「三好」、「四給」的精神，以及最重要的生命教育。第一代飾演佛陀的 Benjie，他是從二十五歲演到三十五歲，十年，他在演到第八年的時候，我們覺得需要再栽培一個新的悉達多出來，當宣布 Junrey 是新的悉達多的時候，Junrey 覺得，我演悉達多，那你怎麼辦？Benjie 就走過去抱著他，告訴他說：「你可以的。」我覺得那份真誠讓人感動，Benjie 不會覺得失落，讓 Junrey 感到放心，所以他也把角色發揮得很好。等到二號的悉達多演到兩年的時候，我就問 Junrey，「你才演太子兩年，現在訓練三號太子了，你能把這個機會讓給他嗎？」他就說：「師父，星雲大師已經給我國際視野和心胸，我相信這個機會是很多年輕人需要的，我們現在需要傳承。」我非常感動，孩子們不只是演出而已，他們還能透過演出，把佛理真的運用在生活上。他們常在講：「我們是悉達多 family，我們都是一家人。」當然他們現在也有自己的工作，或是另外的發展，可是所有的人都以凝聚在悉達多家族為榮。我們目前傳承到四號、五號，都在光明大學，更走向專業，才十七八歲，可說未來無可限量。

問：用英文演唱的音樂劇，應該會有到西方表演弘揚佛教的機會吧？

永光法師：的確應該走上國際舞台，很感謝全世界的分別院的住持，譬如西來寺二十五週年，住持慧東法師就邀請我們去演出。有一次孩子們在台灣遇到他，就唱了一首劇中主題曲給他聽，他聽了說：「這就是一個移動的佛寺道場。」所以他邀請我們去，第一站是紐約，第二站休士頓，然後到LA，再到 Las Vegas，演出是國際版的，每場兩小時，依照百老匯的模式。最感謝每到一個地方，住持都帶了團隊協助種種準備工作，安排很好的劇場，讓我們去做演出，所以這十年來，除了美國、台灣，還去了新加坡、馬來西亞、香港、澳門、紐西蘭、日本、澳洲，讓更多人知道佛陀的故事，佛陀的精神，佛陀的的慈悲和智慧。

我們後來又延伸了一個四十五分鐘精華的「校園版」，跟當地的教育單位合作，只要邀請，我們就去，印象滿深刻的一場有四千五百個高中生，十點開演，八點就坐滿了，我們嚇一跳。孩子們好興奮，鄉下學校，第一次看音樂劇，他們多期待啊！二號太子現在是「校園版」的導演，他會先解說「八正道」，在佛陀的故事中帶入佛法。現在學生觀眾愈來愈多，馬尼拉的萬年寺，規畫出五、六、七三個樓層給學校使用，推廣生命教育、品格教育、生活教育。這裡的孩子是從菲律賓各地來的，兩個條件，第一是家庭貧困，第二是學業成績平均達到八十五分，就能得到星雲大師的獎學金，住宿、學費全免。

問： 所以音樂劇是種子，是整體教育規畫的一環？

永光法師： 是的，這裡有很多來自比較貧困家庭、資質不錯的孩子，更需要佛光山的幫助。他們由校長或老師帶著，走路一、兩小時到馬尼拉，然後交給我們，說：「這個孩子很能讀，可是他家裡沒有辦法讓他讀書。」所以大師就跟我們講：「這個，好好的做，貧困的孩子才懂得感恩，貧困的孩子才懂得珍惜。」來到這裡之後，他們要做早課，祈福給父母，祈福給功德主，但我們也有些變通，並不是一般寺廟的早課模式，而是用他們喜歡的唱誦。課程中也有禪坐、跑香，伙食是素食，尤其是規定平日不能夠使用手機，到了星期日下午再讓他們使用，所以作息是規律的，身心保持寧靜，這些他們都適應得很好，讀書有進步，身體也更健康。

問：大師辦了五所大學，最新的一所就是馬尼拉的光明大學，你是在菲律賓做教育工作，一直有系統的做上來嗎？

永光法師：辦大學不容易，很需要、很重要，但也必須等待因緣成熟。從初來菲律賓到辦大學能落實，隔了將近三十年，這中間並非全是我的功勞，有幾年我回到本山再學習。佛光山有制度，大師把弟子用在哪裡，有他的洞見。我在菲律賓十四年，萬年寺建好之後，循例必須離開。我回山做「傳燈會」的工作，這讓我真的能徹底了解佛光山，了解因緣法。說實在，我十四年不在山上，將近八百個師兄弟、住眾是不認識的，在「傳燈會」就要拚命想辦法去認識他們。大師常常會考試，他在路上看到一個住眾，就問：「他是哪裡人？他哪裡畢業？他的專長是什麼？」一定都要了解，傳燈會的工作，就是幫忙照顧大師的一千三百個徒弟。大師愛才，識才，會用人才，基本上也就是建立在了解和教育。

問：後來要建光明大學，你的因緣又牽回來了？

永光法師：因為我在教育院，菲律賓要辦大學，就跟我的業務相關了。我請示大師，我們怎麼辦大學？大師說：「辦大學，第一個，找到好校長；第二個，把錢準備好，其他就讓那個校長去發揮。」如果找到一個人才，大師就會全力支持他，這是我們要學習的。我記得有一次大師跟所有的校長在論壇會議上，他提到辦教育的人就是要犧牲、奉獻、無所求。我們心想這個是高層次的修行，因為大部分人都是有所求，今天付出這些，就是希望我們的孩子，我們的學生，要成長到什麼程度，可是大師是勉勵我們辦學的人，要犧性、奉獻，而且無所求。

問：佛光山每個法師為了弘揚人間佛教，都承擔很大的責任，出家的時候你想過要做這麼多事嗎？

永光法師：沒有。我小時候就是很調皮，在天母長大，家裡都是給看迪士尼那種卡通片，永遠 happy、happy 的，家裡充滿愛的教育。遇到佛法之後，簡直三百六十度轉變，連自己都不敢相信。我到佛光山第一年是學生，第二年就開始當老師，常有機會去請示大師，看大師如何處理問題，如何思考，非常佩服。大師派我來菲律賓，當時我只有三十七公斤，又瘦又小，而且不太會講英文。我說：「師父，該怎麼開始做，我不會化緣，要建一棟樓，錢該怎麼來？」大師說：「你認真誦經，認真講經說法。」我心裡想，我認真誦經，認真講經說法，錢就來了嗎？不過後來印證，真的是如此，「有佛法就有辦法」，這一句話我能夠體會。

在菲律賓我不但生存了下來，還經歷了四個寺廟，大概就是兩種力量，第一個是堅定的信仰，我相信冥冥之中，佛祖都會安排。第二個，是我對大師的承諾，既然承諾了，就不能捨棄，無論遭遇危險困難，都不選擇放棄。你說佛菩薩真的會安排嗎？也有些奇妙的經驗。初到慈恩寺時我辦法會，一個人布置好了，心想：糟糕，我也不知道信徒在哪裡。我就跟菩薩講：「你從台灣來的，我也台灣來的，你沒有保佑，萬一我被派回去，就沒人供飯給你吃。」真的不可思議，講了之後，我準備五十份，就來五十個人，準備八十份，就來八十個人，佛菩薩要增長我的信心吧。後來每遇大事必請大師指示方向，譬如慈恩寺辦音樂劇團，萬年寺辦教育，大師告訴我，第一個，你一定要讓孩子們感到有希望，他能看到未來，才會留下來。第二個，要資助他們，不管是金錢上，還是任何的方向上，都要資助他們，讓他們成長。要找最好的老師，最好的導演來教他們，就能長久。

大師真的看得深遠，我們以前總覺得在栽培一群孩子，那是不是星期六、星期天叫過來寺廟服務一下？大師說不要，他講，「你們不會用人，你們叫人家來搬桌子、搬椅子，應該是朝給他們一個好的排練場地的方向去做才對。」現在我們就在籌建一個可以彩排的地方，兩百五十人的小劇場，新來的孩子可以透過戲劇學英文、學中文，未來也可能發展成國際的藝術學校。有了希望，孩子們不用叫，他們天天來，自動來，幾乎以寺為家。

所以不是我們能承擔多大的責任，而是做對的事情，用對的方法，眾緣合和，一起成就。我時時感恩這裡的護法信徒，尤其是呂林珠珠師姐，她今年九十八歲了，她一直希望可以完成大師的夢想，讓人間佛教扎根在她旅居一輩子的國度，讓這裡的人因佛法滋潤得到安心和幸福。

二〇一八年六月採訪

二〇一九年整理

多元包容與尊重——慧東法師

佛光山西來寺住持。

大師對佛教有高瞻遠矚的願景和願力，他的心胸，絕對不只是自己的一間寺院，或一時一地，他是放眼全球，甚至整個法界，沒有種族文化的區分，沒有宗教之間的隔閡，只要眾生有需要，眾生有煩惱，他就會去弘法。

問：聽說法師出生在北京，父親是北京中醫藥大學中醫古籍文獻研究教授，在大陸接觸過佛教嗎？還是留學美國以後才開始的？是如何與大師結緣走入佛門？

慧東法師：沒出家以前，其實跟大部分與佛有緣的中國人一樣，會去寺廟上香拜佛，但是並不懂佛法，接觸佛法是來美國留學後開始的。我大學念外語和外貿，畢業後到聖路易的南伊利諾州立大學分校讀企管碩士，跟同學一起去了聖路易的佛光山道場，覺得很歡喜，所以真正接觸佛法是從佛光山開始的。我在聖路易道場做義工，看大師的書，畢業後轉往堪薩斯工作，就繼續到堪薩斯禪淨中心做義工，並受持五戒成為優婆塞。在學習佛學的過程中，接觸了西來寺，就決定再到西來大學攻讀宗教學博士，每個星期繼續在西來寺做義工，之間參加了短期出家，就這樣逐漸的走入佛門。

問：最初你是從看大師的書接觸佛法，請問是受到哪幾本書的影響？什麼時刻讓你下定決心出家？

慧東法師：我最早讀大師的《六祖壇經講話》，欽佩六祖慧能的智慧，大師講經深入淺出，不懂佛學的人也很容易讀。大師的書非常多，除了白話經典，我也讀諸如《老二哲學》、《雲水日月》這樣的書，還有大師為佛學院學生寫的《佛光教科書》十二本，愈讀愈覺得佛法的道理就是世間的真理。二〇〇八年西來寺二十週年的時候，要舉辦水陸法會和三壇大戒，我覺得因緣似乎是成熟了，我也慢慢確定自己並不只是走宗教學的研究之路，三壇大戒是一個機會。當這邊的法師問我願不願意出家，我說：「願意」，就很自然地就跨入了佛門，先剃度，等過了一段時間，大師從台灣到美國主持三壇大戒，就受戒。那時已經很習慣寺院的生活，跟著做可以做的事情，比如法會、出坡，有活動就一起參與，幾年以後，就受任西來寺住持，一切隨順著因緣在推動吧。

問：西來寺是佛光山在美國的第一個道場，到現在已經創建三十年，你覺得對於人間佛教在西方世界的弘揚，具有什麼指標的意義？

慧東法師：大師對佛教有高瞻遠矚的願景和願力，他的心胸，絕對不只是自己的一間寺院，或一時一地，他是放眼全球，甚至整個法界，但在次第上，也是隨順因緣，如果看過大師的書，就會了解。所以一九七六年，大師第一次來到美國，一九七八年申請西來寺的建設，一九八八年西來寺落成，到現在超過三十年。從西來寺開始興建後，佛法陸續在美國各地、澳洲、歐洲、非洲、南美洲傳揚，現在五大洲都有「人間佛教」，都有佛光山留下的印記，都有大師留下的腳步，最重要的意義是，大師的內心非常平等，沒有種族文化的區分，沒有宗教之間的隔閡，他看到的是，眾生有需要，眾生有煩惱，他就會去弘法，他就會到那個地方去看看有沒有因緣。我們在佛光山的國際化，國際化之後又融合當地而本土化，看到了大師的心胸，如果眾生有需要，這個地方有因緣，不管有多大困難，他都會去克服，比如說西來寺，剛來的時候，重重阻礙，大師帶領肩重任的團隊，以無比的耐力等待，無比的毅力突破，經過將近十年，西來寺才終於獲准興建。前人開山可說是華路藍縷，辛苦萬般，歷任住持慈莊、心定、慈容、依空、慧傳、依恆、心保諸位法師，也是秉持大師的精神，西來寺才有現在的樣子。

問：三十年後的現在，西來寺因應時代的變化，弘法的方式有沒有什麼樣的繼承與創新？

慧東法師：信眾的結構，隨著三十年不斷的發展，的確是有變化。早期的信眾基礎，主要是來自台灣的華人，和哈崗附近的人，當時的融入社區就做得非常精細，非常成功。現在更多元化，每年要接待幾十萬、上百萬的信眾、遊客、香客，各界人士，可以說佛教的寺院在美國，至少在大洛杉磯地區，已經被很多人接受。

當然，在洛杉磯或者說整個加州，外來的移民原本就特別多，各個族裔都有，墨裔、非裔、拉丁裔、亞裔⋯⋯，亞裔不只是來自台灣，還有來自大陸、香港、韓國、日本、菲律賓、越南的移民，尤其是大陸的新移民，近幾年大幅增長，來自台灣的則在遞減。

西來寺是美國最大的佛教寺院，信眾各個族裔都有，對於致力族群的融合，致力不同宗教的融合，西來寺積極在做。每年一月份，洛杉磯主要宗教的領袖都會來到西來寺，一起為世界和平祈福，我們也出去與其他不同的宗教進行對談，參加他們的活動。

至於融入本地社區，這是從來沒有停止過的，與本地政府單位也一直保持密切的互動，每個月我們都去跟負責管理哈崗地區的政府機構開會，去了解大家對西來寺的期許。我們的信徒會走出寺院，融入社區的活動，譬如浴佛節，不僅在西來寺裡面進行，也在外面社區進行，與來自不同地區的佛教機構一起慶祝佛誕。國慶節的時候，我們每一年都參加淨化掃街當義工，社區裡的人現在看待西來寺也是自己文化的一部分，家裡有朋友來，他們會帶到西來寺遊憩。逢到感恩節，我們準備食物贈送給無家可歸者；聖誕節，收集玩具送給低收入家庭的孩子；還有每年發放獎學金給哈崗學區三十多所中小學，學校的校長都會帶著選拔出的優秀學生來參加典禮。諸如此類敦親睦鄰的事早已變成一種傳承。

前些時候，西來寺落成三十週年慶典活動，美國政府官員，從地區的執行官到參議員都來了，還贈給我們在國會飄揚過的國旗。記得當年西來寺落成的時候，曾有國會議員贈送給星雲大師一面國旗，表示對西來寺的期許，現在參議員又代表美國政府贈送國旗，肯定西來寺三十年來與各個族裔、宗教的友好和平相處，以及對長年深耕社區的認可和支持。

現在西來寺的弘法，形式上不僅僅是法會、禪修、念佛等傳統方法，而是與社區完全融合在一起，與鄰居們，與各族裔，與友好的各界人士一起來淨化身心，透過服務社區、服務社會，進而淨化自己的身心。能夠得到美國民眾的認可、接受和支持，是所有佛光人努力的結果，也是星雲大師推動「人間佛教」，用多元的包容與尊重與他們攜手並進，共結善緣，同修善果。西來寺未來將繼續朝「融合與包容」、「深耕與服務」的方向發展。這裡有一代又一代的佛光山法師，有這麼多的佛光人、信徒、各界的朋友，我們對未來的弘法深具信心。

問：

西來寺二十五週年的時候，曾邀請佛光山悉達多劇團來美國表演，三十週年又再度邀請他們來，這邊很適合用藝術的方式弘法？

慧東法師：洛杉磯是美國大城，好萊塢在這裡，迪士尼在這裡，人們對表演藝術很熟悉，有熱情。西來寺慶祝二十五週年的時候，把「佛陀傳——悉達多音樂劇」請到這裡公演，帕薩迪納（Pasadena）容納三千人的劇場坐滿了觀眾，非常轟動。所以西來寺三十週年，我們再度邀請菲律賓悉達多音樂劇的團體來到美國，這次不僅僅在洛杉磯，還到紐約、休士頓、拉斯維加斯巡演，洛杉磯是最後一場，不僅有公眾場，還有學生的專場。用於弘法，音樂劇能夠超越語言的隔閡，和不同文化的差異，本地觀眾未必了解佛法，但看到這樣一個用心演出的音樂劇，而且用英文進行，用英文演唱，觀眾能夠理解劇情，原來佛陀過去跟我們一樣是個人，是個有血有肉、有家庭、有煩惱、有自己的不足的普通人，雖然社會身份不同，但他畢竟也是普通凡人，卻可以修行成佛，修行的理念和方法，用音樂、用藝術、用現代的元素來弘揚，不同文化背景的人看了，多多少少播下了佛法的種子。

不僅音樂劇可以弘法，體育也行，我們帶領本地大學的籃球隊，到台灣參加佛光盃比賽，拿到冠軍，這些打籃球的美國大學生不是佛教徒，但他們因比賽認識了佛光山，到佛光山還幫忙行堂，學習佛教的生活禮儀，這也是與佛法結緣的方式。

每年我們也安排本地的學生來西來寺住一星期，在這裡上課，他們不是佛教徒，但喜歡的學生可以進一步參加活動、做義工，當初，我也是這樣來到佛門的。

問：你本身在西來大學念過博士班，請問西來寺與西來大學如何互動互補？

慧東法師：在美國辦大學實在很困難，大師在一九九一年成立西來大學，是非常有魄力的創舉。西來大學是佛光山所創建的五所大學的第一所，也是華人在美國辦的第一所大學，十多年前就得到美國大學西區聯盟的認證。

西來大學可說是美國知識界了解佛法、認識佛教最直接的地方。做為大學，有世界各地的學生來學習，他們來自四十多個國家，在學習的過程中接觸到佛光山西來寺，接觸到佛法，接觸到人間佛教。做為一個高等學府，教育機構，西來大學與其他大學是有些不同之處，雖然教學評量標準一致，但大師創立西來大學的宗旨，就是中西方文化的交流和融合，同時通過學習和教育，培養服務他人、關心他人的情懷，當然並不要求學生一定都要信仰佛教，他們可以帶著自己的宗教信仰，培養這樣的精神。

西來大學從教師、員工到學生，都有服務社區的課程，不同於其他學校，只重知識技能。美國大學生有一種現象，他們抽大麻、喝酒非常普遍，但在西來大學看不到這種現象，校風極優。

問：西來大學也可能成為培養未來僧才的地方嗎？

慧東法師：我自己是通過這條路做出的選擇。我很喜歡西來大學，它很小，像一個研究生院，我上學的時候，每天晚上都去一條兩邊種了很高松樹的走道散步，西來大學學生不多，對我來說是極好的環境，我去圖書館讀書，週末到西來寺做義工，吃完晚飯後在那條步道上，做誦經念佛的功課，不自覺的打下了修持的基礎。這裡其實很適合修行，從星期一到星期五，活動相對比較靜態，譬如：讀書會、課程，週末人比較多，會有一些較大的活動，不過那種幾千人的大活動相對很少。

大師一向注重青年人才的培養，早年從台灣來這裡的留學生，現在已經做了祖父母這一輩的，有成就的不少，有人做了律師，做了醫生，有人經商，各種各樣的人才都有。西來寺經常支援社區辦義診的醫師，像沈仁義、李錦新等等，都是當年的留學生。

現在這裡還辦了一個西來中文學校，有很多父母送孩子來這邊學習中文，學習中華文化。學校講「三好四給」，講「做好事、說好話、存好心」，這些傳統美德同時也是佛法的元素，潛移默化進入孩子心中，將來開花結果也是可能的。

二〇一九年五月採訪整理

用身教影響別人
——慧顯法師

佛光山德里文教中心主任、印度沙彌學園園長。

沙彌們都能自然體現大師「人間佛教」的概念，當他去義診的時候，不會考慮到辛苦不辛苦，只會考慮到要怎樣服務病患，這就感動了當地人，他們覺得，你怎麼那麼好。所謂的修行，就是你人格的標準、做事的態度，被別人接受、喜歡、仰慕，他們也受影響願意來效法、實踐。

問：聽說法師來到印度已超過十年，可否談談人間佛教如何來到佛陀的故鄉，重新撒下菩提的種子？這個使命應該是非常重大的。

慧顯法師：我是二〇〇八年來到印度，二〇一〇年四月，奉大師指示成立佛光山德里文教中心，開辦沙彌學園，以培養佛教未來的弘法人才，朝著復興印度佛教的方向努力。人人都曉得佛教起源在印度，可是印度佛教已經衰微了一千多年，縱然中間曾經出現心懷振興佛教的安貝卡博士提出呼籲，但博士逝世太早了，未竟全功，現在印度佛教徒不到全印度人口的百分之一，若說重新振興佛教，真的是重責大任，但光有使命感是不夠的。

問：在印度這第一個十年，是如何開始？

慧顯法師：十年一晃眼就過去，最早剛來這裡的時候，其實也很茫然，不知道能怎麼做。以過去的經驗，我們到海外開發道場，一開始還是以華人為主，但是這裡沒有華人，不是說完全沒有，而是數量少到可以說是「沒有」，這第一步真不知道如何去推展。

後來發現可以用慈善的方式跟這裡的人結緣，很多偏鄉醫療物資非常缺乏，政府其實有錢，但是不理會這些人民，所以我們先做慈善，先做義診，先幫助他們解決一些身體的病痛，再透過宗教信仰跟他們結緣。沒想到一個慈善的因緣，讓我們有了沙彌教育的開始，所以很多時候，只要是正確的事情，去做就對了，它就會結果自然成。

因為義診，我們陸續認識了不少當地人，第二年，師父說要成立「印度沙彌學園」，指派我負責沙彌養成，培育印度新一代僧伽。最初要招生當然也有困難，因為印度的佛教徒實在很少了，到哪裡去網羅僧才呢？經過大家的意見提供，就多次去走訪與佛陀同源「釋迦族」居住的北方村落，這地方住了不少貧困的村民，我們就決定在當地舉辦義診、教育關懷這類活動，一樣是先解決他們的困難，滿足村民的需要，再兼顧招生。那時候要辦面試，把消息放出去，哪有什麼場地、桌子、椅子啊，就坐在田邊，請父母親帶著孩子來，就開始面試。起先人數也不多，無妨，來了就好，先安排讓他們旁觀義診，如果學會了簡單的處理腰背疼痛、膝蓋痛之類的技術，對當地人很實用的。道場請來義診的醫師非常慈悲，不只教翻譯，還教病理，教怎麼看病，針灸醫師還教怎麼扎針，沙彌從最簡單的施針開始學起，訓練中也經過淘汰，原則上就是只招收十五名。學義診，最重要的就在於平常教他們要慈悲，要為人服務，所以當他們有機會出門實習，立刻感受很深，就像當時佛陀看見民間疾苦，生起悲憫眾生的心態。所以去做慈善就不只是慈善，而變成是一種教育。這樣子一路走來，沙彌來了幾批，現在不用去招生了，只要通知時間，村民自然送孩子來面試，今年有九十六個人來報名，但還是只錄取十五個。

問： 沙彌學園主要是辦教育，課程的內容是什麼？

慧顯法師： 創辦沙彌學園，近期目標是致力提升在地醫療、教育、衛生環境，遠期目標是復興印度佛教，所以先從孩童的通識、語言教育下手，課程融入佛教。

我們的課程很緊湊，從早上九點到下午四點，晚飯後的七點到九點都是上課，內容主要是唱誦儀軌、背誦經典、佛教概念，經典有中文，有巴利文，對於不曾接觸佛教、沒有任何中文基礎的沙彌來說，入門有一定的難度，需要專注用功。但這些孩子都知道他們肩負復興印度佛教的使命，心中也有共同的夢想——有朝一日，要回到台灣佛光山，拜見師公星雲大師，所以學習上相當認真。比較易學的如唱誦儀式，每日練習，三五年後，都能行禮如儀。我們每年進來的沙彌有剃度儀式和受戒儀式，沙彌的家長、本地村民、朝聖的信徒往往有上百人觀禮，早期需要比丘師兄協助引禮，後來幾屆，沙彌學長們完全可以自己承擔起來了。

除了主要課程，也安排選修的課外活動，你們看到的音樂、瑜伽、舞獅表演，都是課外活動的成果。因為全校有八十幾個沙彌，一人學一樣，就感覺很豐富了，其實陶笛只有三個人，烏克麗麗只有五個人，其他也有選烹飪，選插花的，大殿和壇場的花都是同學插的喔！

沙彌進來，一年級不能選修課外活動，讓他去仰慕學長，升起一種「我想學」的嚮往，只要他想學，那就很好教。第二年他可以開始選了，瑜伽課是必修的，有的孩子學的好，我們就安排考試，考到印度政府瑜伽部承認的師資認證，將來弘法就容易了，瑜伽師結合禪修，就能透過瑜伽來弘法。至於音樂、烹飪、插花、攝影，是隨因緣選修，譬如曾有台灣來的攝影老師，利用過年的春假來這裡教了一段時間，隔年又來，選修的孩子竟然參加佛光山的攝影聯展，拿到第一名和第三名，有新台幣五萬和兩萬的獎金，真是莫大的激勵啊。紅十字會也曾經來教課，基本的心肺復甦術，還有一些包紮技巧。課外活動增添趣味，但耗時不多，孩子主要的時間都在讀書、上課，全年無休，沒有放假。

問： 沙彌將來要在印度弘揚佛教，他們如何更深度的認識佛陀？

慧顯法師： 中文學到一定程度，就能讀《釋迦牟尼佛傳》，這裡尤其有地利之便，所以我們辦過「聖地行腳」活動，安排五、六、七年級的學長沙彌，師生共二十三人，朝禮印度佛陀聖地。我事先也摘錄了玄奘大師的《大唐西域記》裡記載聖地的部分文字讓他們閱讀。選擇六月份、攝氏四十度的季節去，是因為這時候比較沒有遊客，我們可以很自在的不被干擾做自己的功課，也在聖地上課。在拘尸那羅涅槃城，我們就講《佛遺教經》，親臨聖地實境，跟在教室的感受真的完全不同。

行腳是由德里出發，經加德滿都、藍毗尼園、尼拘律園、古迦毗羅衛城（尼泊爾）、淨飯王與摩耶夫人塔、藍摩國、迦毗羅衛城（印度）、佛升忉利天處、祇樹給孤獨園、給孤獨長者故居、涅槃城、最後說法處、佛涅槃火化處、末羅族佛舍利塔、純陀最後供佛處、佛最後沐浴處、八王分舍利處、佛缽塔、毗舍離、那爛陀、七葉窟、菩提伽耶、雞足山、鹿野苑等地，每到達一個聖地，他們恭敬朝拜，不自覺的流出感動之淚。這些孩子心地淳樸善良，也有他們的天真，譬如到了尼拘律園——這裡是羅睺羅尊者出家和入滅的地方，他們知道羅睺羅尊者是「沙彌的祖師爺」，就覺得跟自己是「同一國」的，就在尊者舍利塔前課誦頂禮，發願要以羅睺羅尊者為修行的榜樣。

行腳的過程和心情，沙彌還善用零碎時間記下來，後來輯成《聖地行腳．沙彌日記》四本書，第一集是比較粗淺的，那時候第一屆第二屆的學生，他們所學還沒有很深入，可是他們會成長。慢慢到了第四集的時候，反芻朝聖的見聞，就有修行的心得出現了。比如在拘尸那羅的時候，當時的一位沙彌現在已經在佛光大學讀書了，他就回想，我們穿著海青在攝氏四十度的天氣很熱很熱，但他要做的功課就是拜佛，一邊拜，一邊汗流浹背，覺得被熱干擾，但是他不放棄，繼續拜，拜著拜著，他轉念了，心不能放在熱干擾上，這樣的念頭一轉，竟覺得涼風習習吹來了，他調整呼吸繼續拜，旁邊那些來觀光的人，也跟他一起拜佛，整個天地都是清涼的、安靜的。他說，原來身教就是這樣影響著別人。他把這個體驗寫了下來，許多年前的行腳，一直起著作用。

問：所以沙彌們畢業後，還可以深造讀大學？

慧顯法師：當然每個人的狀況不太一樣，不過大師對沙彌們說：「只要有心學習，只要你成材，我一定栽培你。」第一屆畢業的沙彌，有到國際學部進修的，整個國際學部有七十多個學生，來自中國、泰國、越南、緬甸、韓國、美國的都有，他拿到第一名，讓大家覺得很欣慰。現在有第二屆畢業的沙彌，到台灣去跟當地的學生和外國的學生一起考試，佛法概論拿九十三分，很出眾。第二屆畢業生也有去南京的，所以事先我們都會安排他們考台灣的華語文能力測驗，或是大陸的漢語水平考試。考台灣的華語文測驗已經考到第三級，總共有六級，現在要拚第四級，一級一級要考上去。去大陸漢語水平是必備的，否則不讓去大陸讀書，現在他們考到第五級了，總分三百分，已經考到二百七十八分。所以只要有上進心，各種路都設法安排的。

普遍說來，他們現在中文比英文好，可能是因為常講中文，每個禮拜都要寫週記，老師給他批改，有關佛法概論、佛學名相，或是讀經典的課，也用中文解說，所以他們中文的書寫、講說能力，都比英文強。不過老師之中也有南傳的法師教巴利文的，或是藏傳佛教的法師來加持，他們都是屬於當地人，有考慮到某些學生將來會回到印度弘法，在地的語文不可偏廢啊。

問：印度的佛教，與人間佛教的教法是能夠相融的嗎？

慧顯法師：印度人對佛教或是修行的觀念比較刻板，他們認為就是內觀禪，或是閉關，或是喇嘛做的四加行之類，人間佛教比較開闊、包容，而且是修行生活化，生活化修行，透過很多入世的方法，讓人們很容易接受，把佛法在生活中去落實。

沙彌們能夠自然表現這個概念，譬如說慈悲吧，當他去義診的時候，他不會考慮到自己辛苦不辛苦，只會考慮到我要怎樣為病患服務，就感動了當地人，他們覺得，你怎麼那麼好，所謂的修行，就是你人格的標準，你做事的態度，你被別人接受、喜歡、仰慕，他們也受影響願意來效法、實踐。

剛來印度的時候，有人告訴我，你們這樣做，要三百年才能改變印度人。我說，應該不用那麼久吧。當然，現在還是會遇見很多困難，譬如，在印度很難做計畫，因為「無常」是天天來敲門的，隨時有各種各樣的改變，或者說政府的政策也是無常，前一陣子，莫迪政府把一千塊和兩千塊的大鈔，一夜之間就宣布變成廢紙，讓我們也無所適從，只能說隨緣應變，盡我們的初心，盡我們的願力，扎扎實實陪伴這些孩子成長。這十多年培養的印度沙彌，我非常有信心他們是道念堅定，精力都用在學習上面，將來成為青年比丘，到印度各地弘法，傳承佛陀的精神，讓佛法在印度再度發揚光大是有希望的。

二〇一九年五月採訪整理

當下就是最好的——滿謙法師

佛光山海外巡監院院長、佛光山台北道場住持。

在海外做事都要請示師父的，如果必須自己下判斷甚至馬上決定，開始時會膽顫心驚，後來慢慢可以掌握一個原則，就是「一切為了佛教，為了大眾」，答案就很容易浮出來了。

問：聽說出家前，你是從事時尚行業服裝設計，是什麼樣的因緣，使你人生大轉折進入佛門？

滿謙法師：我接觸佛教的因緣應該要從我的祖父講起，小時候，父親不太讓我們吃糖果，理由是，要給我們有一口好牙，所以我就會到爺爺房間去找東西吃。因為我們家以前種葡萄，爺爺會自己做水果酒、曬葡萄乾。我到他房間找葡萄乾吃，就發現桌上有很多書，吸引我翻來看，覺得很有一些道理，後來才知道，原來我讀的就是佛經。

後來爺爺過世，家裡誦《金剛經》，很有感觸。出社會工作後，我開始接觸佛教，因為做服裝設計，經常有機會出國，有一次我到日本去看清水寺，我記得是傍晚的時候，夕陽西下的景色美極了，我回頭一轉身，不知為什麼熱淚盈眶，當時就想，我要出家，我不要做一個在社會上只是穿漂亮衣服，或是設計漂亮衣服給人穿，賺錢吃喝玩樂的人，我覺得這樣的人生非常無趣。從此我就開始去學禪坐，參加禪修，每天早上兩個小時，晚上兩個小時禪坐、讀經。

記得有一次假日，我從早上開始讀經，讀到完全忘記時間，一抬頭的時候，突然發現怎麼天色暗了？原來我讀得忘了一切，這是一個很法喜的經驗，我確定自己在佛法裡，會得到心靈的滋潤與充實，我就想，我應該到哪裡去出家。當我第一次在電視上看到星雲大師的時候，立刻覺得，這位就是我要找的師父，我應該到佛光山去讀佛學院，真正去了解佛教，了解佛門的生活。

進入佛光山學習跟自修是完全不同的，以前在家早晚各兩個小時打坐、讀經，自覺還滿精進的，到了佛學院，作息畫分得非常固定，早上四點半起床做早課，六點鐘用餐，七點鐘上課，十一點半午齋，下午可能出坡，到晚上又是上課，所有時間都切割得非常零散。入學不久老師把我找去，他選了我們六位同學去典座，煮飯作菜在佛門稱典座。他說以前的學長煮得不好吃，每週在換人，換了之後還是煮得不好，你們這一組要爭氣。

於是我每天的時間就被分割得更散了，也就是說，四點半起床就去廚房忙，六點鐘要給大家吃飯，這樣做三餐。老師說不可以延誤一分鐘，因為延誤一分鐘就是殺生，你浪費了大家的時間。當時全山吃飯都由我們六個人煮，所以我擔任典座後，學到了非常重要的掌握零碎時間。因為我的時間變得這麼散，同學去自修，我是沒有時間去自修的，那我上課一定要分分秒秒都專注，認真聽講。其次，我們典座只有六個人，當時是燒柴火，因為絕不能延誤，那我們必須密切互相支援，才能達到要求。我想，這就是訓練我們團隊合作的精神吧。

在佛學院裡面，當然也有很棒的佛學課程學習。大師幾十年前就非常有眼光，他請了來自各國的佛教知名學者，比如說美國的蘭卡斯特（Lewis R. Lancaster）教授；義大利的桑底那（Peter Della Santina）教授，他是中觀的權威，他的太太是為我們上梵文、巴利文的老師。來自斯里蘭卡的國寶級學者法光（Ven. K. Dhammajoti）；來自日本的大德長者鎌田茂雄、水谷幸正教授。這些大學者都來為我們上課，大大開拓了我們的視野，還有跟隨著師父、長老，國際會議也很有機會參與。佛光山培養人才，其實平台墊得很高很廣，當時就是一直跟著這些國際會議在走，所以很習慣，辦國際會議，承辦一些國際性的活動，也不會害怕。

問：聽起來佛學院的學習不同一般，要接受廚房磨練，也要上得了檯面，佛門這條路不容易。那時還很年輕，就決定了？

滿謙法師：我二十六歲出家，自己決定人生這一個方向，決定之後從來沒有後悔過。出家是要出一個好家，要跟隨一個好師父，很多人問我，你最初學佛的師父並不是星雲大師，為什麼決定在佛光山出家？我說很簡單，因為大師提倡人間佛教，佛光山是一個菩薩道的道場。我出家就是感覺人生太短，要做有意義的事，不要浪費時間，人間佛教在人世間弘揚佛法，跟隨著師父行菩薩道，我覺得是自己最歡喜的路。

問：那你在這邊學習完了之後，是什麼時候被調去歐洲？待了多久？歐洲那邊的道場是怎麼開端的？

滿謙法師：我最早去的單位其實是美洲的西來寺，中間又調回台灣，在行政單位都監院服務，那時桃園講堂在擴建，我去幫忙，工程剛剛結束，師父打電話來說：「你到澳洲去，那邊有一個道場要完成建寺工程。」

我去到澳洲之後，才知道南天寺這麼大。其實那時候派我去也用得上經驗，因為前面西來寺建寺是我的一個範本，我在那裡學習所經歷過的一些問題，在南天寺就儘量把它避開。一九九五年南天寺落成，又繼續在澳洲弘法，總共差不多九年的時間。後來師父有一次到澳洲說：「你回來幫我辦學。」我就回來了。

回來辦學三年任滿，師父就說：「你去歐洲。」所以我是二〇〇六年去歐洲的。師父叫我住在瑞士，因為當時我們在瑞士有一個佛光山日內瓦會議中心，是在聯合國的邊上，國際佛光會是聯合國非政府組織諮詢顧問，就是聯合國裡面的非營利機構之一，也就是NGO非政府組織，它有這樣的一個諮詢地位，我們就能經常進入這個日內瓦的聯合國去開會。

當然，我在歐洲必定要負責歐洲那個階段的建寺，其實這裡有的道場已經破土好多年，但是還沒有蓋，歐洲的僧信二眾也很努力，後來能完成，師父是我們最大的支持者，因為大師的「一筆字」幫我們募集了不少款項來幫忙，所以我跟大師說：「師父，你是最大的功德主，所有的寺都是你建的。」目前啟用的有五個地方，包括日內瓦會議中心。在日內瓦還有一個會館，奧地利維也納有一個道場，西班牙佛光山在馬德里，巴黎就是法華禪寺，後來還重建了一個巴黎佛光山，原是我們舊有的道場。

問：在歐洲建寺，應該跟海外其他地方一樣，都是非常困難的吧？

滿謙法師：當然，建寺沒有不艱辛的，只是遭遇的困難點不同。我曾經跟師父說，我覺得全世界最難建寺的地方是法國，除了因政教分離之外，它非常非常嚴格，你是宗教組織，就不能去租用任何商業或其他區分的地點，做辦公室，做什麼活動，都不允許，當時我們那個舊有的佛堂就被徵收，真的不太懂他們的法規，因為法國三十年前就有都市計畫，已經計畫這一區要徵收，可是我們不知道。我們在法國弘法二十幾年，一直說要建，卻一直沒法建，因為沒有土地。

最後呢，是碧西市政府的市長來邀請大師去那裡建寺，那個區是個特殊區，規畫成一個宗教對話的城市。什麼叫做宗教對話的城市？我們旁邊有天主教、基督教，有猶太教、伊斯蘭教，也有寮國佛教，現在印度教要進來。

當時在談這個案子的時候，其實很多的波折，當中困難重重，我記得有一天我在機場，要飛去一個地方弘法，那天的談判又沒有談成，我的心情滿是沮喪，在機場我打電話跟師父報告，我說：「師父，這個案子看起來沒有什麼希望了。」師父只有給我一句話，他說：「你再試試看。」當時事情很複雜，甚至前一天在市長辦公室，幾乎已經攤牌，我跟市長提出來，我們一定要換建築師，因為他不了解這個建築，不了解我們的需要。市長不願意我們換，那到底要怎麼辦呢？我很掙扎，但不換已經做不下去。我就跟翻譯的人講，那你告訴市長，我們不建了。

結果呢，市長最後竟然讓步了，同意我們換，其實前面的波折是，連這一次已經換了三任建築師，那是一個很挫折的過程，而我們當時也背負了面對信徒、不能讓她們再失望的壓力。

其實大師是在一九八九年就到歐洲，第一塊踏上的土地就是法國，當時師父是應巴黎越南淨心禪寺邀請去主持佛像開光。結束之後有一群老菩薩就跟大師請求，希望能夠在這裡有一個中國的寺廟讓她們安頓身心，大師就說：「好，我來建寺，但是你們要來護持。」這一群菩薩們，從年輕就幫忙做義賣籌款，持續二十幾年。那一年浴佛節，他們又在做包子、粽子義賣，突然一個老菩薩就問我：「滿謙法師，我們已經等了二十幾年了，這個寺什麼時候會蓋完？我八十幾歲了，不知道這輩子能不能等到。」我心裡很難過，就跟她說：「你放心，我們一定會把它蓋完，讓你們都可以看得到。」所以，就這樣走進困難當中，包括面對政府的法規、法令種種想都想不到的因素，但就是這樣子一路走過來，道場終於在二〇一二年啟用了。

現在這個地方已經被聯合國教科文組織頒定為多元宗教對

話城市，我們在這裡面非常重要，市政府說我們是他的台柱，因為我們好像是那個水泥的角色，要把砂子、石頭、水凝聚起來，我們如果去市政府開會，其他跨宗教的都要來，我們不到，市長就說等等，等我們到了才可以開會，那是因為他們重視佛教，也信任佛光山。在當地我們是秉持著師父的理念：尊重與包容，平等與和平，同體與共生，這些讓我們在海外建立一個歡喜融合的關係，跟各個教界、各個宗派之間，都是是非常融洽的。

問：你在歐洲弘法多年，有沒有特別感動或難忘的事可以分享？

滿謙法師：我在歐洲做的比較多的就是跨宗教的交流，會在國際會議上接觸；跟日內瓦聯合國、法國教科文組織，以及歐洲的大學也交流頻繁。

二〇一一年大師指示我代表他到羅馬梵蒂岡去做跨宗教交

流，台上幾十個宗教的代表貴賓，我突然發現，只有我一位是女眾，我就升起一個很大的感觸，所有的宗教說要平等，可是真正落實的是佛教。佛陀證悟時說的第一句話，就是大家都具有平等的佛性。我過去覺得平等是理所當然，因為在佛光山，僧信平等、男女平等。當我到了國外，接觸跨宗教的時候才發現，原來，平等沒有那麼容易得來，原來，在佛教界，星雲大師最落實平等。我真的很感動，就寫了一個報告給師父，我說：「師父，從兩千六百年前，佛陀講說平等，可是到了現在，世界上還是很多不平等，師父你真的是做到平等。」

其實我去羅馬一共有兩次，第二次就是現任的方濟各教宗，我代表佛光山去，參加各宗教環保議題的對話。這次在梵蒂岡的大學裡開會，我代表佛教提出大師對環保的看法。當時英國的一個教授跟我們去，他就問我：「你跟教宗講了什麼話？」我說：「第一個呢，我先送大師總監修的《獻給旅行者365日——中華文化與佛教寶典》這本書。第二句話，我代表大師問候教宗。第三句話，我代表佛光山邀請他到台灣來。」我覺得，看起來就是簡單的三件事情，卻是人生裡一個不同的際遇，我真的很感謝師父給我的教育，讓我在難得的因緣中打開視野，進而打開心量。

我記得二〇〇〇年，師父到澳洲南天寺三次，其中有一次我跟隨師父在丹墀跑香，突然師父轉身回頭問我：「滿謙，你知道我為什麼叫你到澳洲來嗎？」我說不知道，師父就說：「你過去在桃園縣，那是一個縣，現在你在澳洲，這是一個洲。」師父的意思是，我的心量應該要隨著環境而擴大。所以後來我到歐洲，這麼多年辛酸苦辣什麼都有，但我覺得就是讓自己成長的機會，是更好的因緣。

問：

大師非常會用人，我們很好奇，他的徒弟那麼多，每一個人的特質他怎麼有辦法看得這麼清楚，而且看得這麼遠？

滿謙法師：師父對每一個人，他會去觀察你是什麼樣的特質，就讓你去做什麼。我們常覺得自己個人很渺小，師父就把我們放到一個地方去，然後，就是派給我們一些工作，讓我們不斷的隨著這個工作去成長自己。我個人是經歷了美洲、台灣、澳洲、台灣、歐洲，在歐洲第九年的時候，有一天我去瑞士，師父就打一個電話給我說：「滿謙，你幫我做一件事。」我說：「師父，做什麼事？」他說：「你幫我做海外都監院的工作。」我說：「這個工作該怎麼做？」師父說：「就跟你在歐洲一樣，各地方去關心，去巡視。」我說：「喔，好。」反正師父講了，我們就聽，就去學。師父他往往就是看事情的角度跟我們不太一樣，他看到的是佛教的未來，我們在海外，有時候處理事情都是要請示師父的，請示其實就是學習，了解師父怎麼想。可是你不可能什麼事情都問，不問的時候，你自己就要去下判斷，甚至要馬上決定，有時候還滿膽顫心驚的，因為不知道決定下去，後面會怎麼樣。後來慢慢可以掌握一個原則，師父教我們的就是：一切都為了佛教，一切都為了大眾，一切都為了眾生。我覺得把這三個原則放進去的時候，那個答案就很容易浮出來了。

我記得巴黎恐攻那一天，晚上我們原本就有素齋談禪的活動，法國的婦女會大約一百個人要來。五點鐘的時候，我到達巴黎佛光山，就跟法師說，今天很難得，有的人從來沒有來過，我們準備蠟燭，幫他們誦個經祈福好了。晚上七點鐘吃飯，八點鐘開始演講，講完話之後，因為要誦經祈福，完畢後又要發結緣平安符，因為增加了這一段，時間就延長了，竟然是拖過了發生恐攻的那個時間點。等到我們結束，手機裡全都是恐攻的消息。這時候信徒要回家，很多信徒都住在那個三區，我就跟他們說，你們一路要留意，如果回不去，就轉來道場掛單，有什麼事一定要聯絡。一直到了十二點，確定所有人都平安到家了。這時我想到，要趕快發一個訊息，跟師父、跟山上、跟所有大眾報平安。第二天法國記者就來訪問：「為什麼你們會想到要誦經祈福？」我說不知道，我只是覺得師父常說要給人歡喜，人家第一次來，我們只是秉持這一個心念給他們祝福和歡喜，沒有想到這麼巧，居然剛好把那個時間拖過去了。

我覺得大師是這樣，他對徒弟的教育就是一以貫之的言教身教，說的做的都是人間佛教的精神，他常常講一句話，「三分師徒，七分道友」，只要符合人間佛教的三好、四給、五和，我們做事，他沒有不支持的。

問：你出家跟隨大師三十幾年了，能不能再舉些言教身教的例子，是對你的海外弘法很有幫助。

滿謙法師：在澳洲的時候，我們在雪梨的道場南天講堂落成，那天有一位參議員羅斯．卡麥隆先生（Ross Cameron）過來，他是一位天主教徒。我記得他問師父：「你是一個佛教徒，那你覺得世界上哪一個宗教最好？」師父說：「你心目中覺得最好的，那個就是最好。」意思就是說，這個宗教對你有幫助，能夠讓你生命成長，讓你得到受用的，就是最好的宗教。師父的回答讓他很歡喜，我想這是我應該要學的。

還有一個例子，紐約發生 911 事件，雙子星大廈被炸毀之後，第一個進去的宗教是佛教，大師帶人進去灑淨，師父當天在那裡為罹難者祈願祝禱的時候，旁邊的警衛人員，全部也都合掌，從師父的祈願祝禱裡面，他們聽出他在祈求耶穌基督來接祂的子民。師父的祈願，就是你原本是哪一個信仰的，就由那一個教主來接引，連美國的警衛，都覺得非常感動。

我在海外弘法，這些年住國外的時間比在國內還多，跟西方人接觸當中，很多人問我：「你最喜歡哪裡？」我說：「我從來沒有想過我不喜歡哪裡，我走到哪裡，哪裡都是家；我走到哪裡，我看到眼前的人都像我的家人；哪裡都很親，所以你問我哪裡最好呢？我覺得當下就是最好的。」

這可能是受師父的影響，但也確實是我自己的感受。出家三十多年，跟著師父學，學也學不完的，若要包括日常生活中的身教，那太多了，雖然大師是一個師父，可是有時候他也願意為弟子們做一些什麼事情，很放下身段，而且真的愛護每一個弟子。比如在澳洲南天寺的時候，照顧師父的一個侍者，不小心從很陡峭山坡摔倒，摔斷了肋骨，送到醫院去，他就覺得很沮喪，說：「我是師父的湯藥侍者，是來照顧師父的，怎麼弄到自己受傷了。」師父知道他難過，有一天就來了，現在侍者坐在輪椅上，師父就來幫他推，要逗他開心。師父說：「平常你照顧我，現在你有困難了，我也可以為你服務，這沒有什麼啊！」

還有一次，我們的法師到法堂去，剛好人家送了桃子來，他們拿了桃子，講完話之後就要回去了。師父說：「等一下，坐下來。」然後叫他們把桃子吃完再走。弟子們搞不清楚，師父就說：「只有幾個桃子，你們手上拿一個回去辦公室，這要怎麼吃呢？你們現在坐下來吃了。」其實師父他是體諒這幾個弟子，因為辦公室人多，他也不可能躲到一個地方去吃，拿回去每個人切了一小片，也分不到一口。師父他就很懂人性，他會注意到這一種細節。諸如此類的事情很多，後來因為我在國外，就比較沒有那麼多的機會看到了。

我記得有一年，我們回來參加徒眾講習會，師父要為所有的弟子們每個人寫一張墨寶，他寫了一千多張，寫到肩膀都酸痛了。寫毛筆字寫一張很容易，可是一千多張，每一個人都給，師父是用毅力在寫的。我就覺得，師父的關照真是鉅細靡遺，對每個人、每件事照顧得都很週到，他只要走過去，眼睛一看就知道了，然後他往往就會在不經意之間，去幫你做一點什麼，甚至協助你把困難的事情完成。這種種智慧永遠學不完的。

問：你覺得人間佛教的未來應該要怎麼走？

滿謙法師：師父曾經講過，佛光山的未來，在文化、教育、藝術、音樂、體育……等等有幾個方向，可以跟弘法結合，但他一直強調的就是制度的領導很重要的，集體創作很重要，團結合作很重要。可能因為我大部分在國外，我最容易看到他對多元、包容、融合、共生的努力。對別的宗教要包容，跟別的社會要融入，對佛教本身也要尊重多元性。比如說，我們看到有不同教派的法師，包括我們看到人間佛教聯合總會裡面有各個不同的教團，也要跟他們團結合作，就像一個大花園一樣，因為裡面有很多的花朵，就會覺得非常的美，你不可能要求花園裡只有一種花朵，陽光、雨水、土壤的營養，大家共生攝取，共同美化這個世界。我覺得在這一點上面，師父就是要我們把視野擴大，知道要怎麼樣跟世界融合在一起。因為佛教本身，佛陀所證悟的就是因緣法，佛教跟整個世界的未來，就是要跟時間空間的因緣融合，大家互為因緣，互相團結，把大家凝聚起來，喚起大家共同的意識，在未來我們責任更重大。

我在佛教裡面最受用、時時刻刻會在腦海浮現的，就是「但願眾生得離苦，不為自己求安樂。」如果用師父的話來講，就是一句：「佛教靠我，捨我其誰。」師父最希望的，就是我們佛光山弟子們，甚至整個佛教的佛弟子們，大家能夠團結起來，團隊合作，承擔這個使命，繼續為眾生奉獻，甚至能夠影響未來的世界。

問：你覺得自己在人間佛教的未來能夠做什麼？

滿謙法師：我到了佛門了之後，一直就是一條「學習之路」，師父給我任務，我在不同地區，面對不同的文化，做不同的事。這些學習實在是很多元，很特殊的。我以前沒有學過建築，可是因為要建寺，開始從工程師、建築師那裡去學習。因為開始辦學，辦中文學校，像法華禪寺這邊，有七百個中文課程的學生，我也要學習不同課程才能溝通，好像永遠也不會畢業。在澳洲，常常都是電視台要來拍攝，拍到最後，有一天我想，我不是出家嗎？怎麼我好像在修這個電視學分，要面對記者，面對鏡頭。到歐洲，開始學習國際事務，像聯合國的這一個工作也非常複雜，因為在不同的聯合國中心，它的議題都不同，比如說在日內瓦它偏重人權、衛生組織，在維也納關心核電、能源，在紐約議題又更多了。因為學習無止境，我就覺得未來也是在學習之路中走出來的。

人生是不停的學習，到老還是要學習，我從師父身上就看到這個精神，他即使眼睛看不見，每天都要叫弟子念書、念雜誌、念許多新知給他聽，他不斷的與時俱進，精神讓人佩服。所以我有時候會想，師父為什麼那麼先進，他看的視野非常的遠，也許我們只有看到下一步，可是他已經看到十步以外了，他的時空觀是不一樣的，師父的時空應該早就看見未來了。

我覺得自己在學習上是格外幸運的，很多時候，我沒有學過這一科，但只要願意，就有機會去學，然後提升自己。

所以經常有人問我：「你怎麼知道這個東西？」我說：「學習啊！」因為周遭有很多人能夠教我，講給我聽。我曾經碰到一些企業家，他們在講國際金融，很多年前，我在瑞士認識一個很先進的能源集團，因為去幫他們灑淨，同時講一點佛法，從他們的談話裡，聽到了有關碳排放額度交易的事，當時是一門新的東西，沒有多少人知道。類似這樣從弘法的因緣中，增加對新知識、新世界的了解，說不定也有用上的一天。

師父開創人間佛教好像是開墾出一座座的高山，他給的未來方向就是這些山裡他已經看到的風景，我能夠做什麼？也許要靠著繼續學習，與時俱進，繼續走到視野更開闊的地方，就知道未來能做的最對的事。我自己的感覺是這樣。

二〇一八年六月採訪整理

散播歡喜自在的種子

——滿潤法師

佛光山法水寺住持。

師父很早就提出在地人加入人間佛教弘法，甚至可以讓日本人做住持。信徒不接受這種先進想法。師父就講，如果沒有當年印度的和尚培養中國僧人，後來就不會有漢傳佛教，佛教到哪裡，都一樣要本土。

問：

佛光山在日本弘法最大的寺院法水寺，今年（二〇一八）落成啟用了，據說花了十五年時間才建成，其間困難重重。建法水寺前，大師早就把人間佛教推展到日本，為什建寺會如此困難？日本也有佛教，而且宗派極多，為什麼人間佛教要去日本呢？

滿潤法師：

大師跟日本佛教界，早年就有往來，他還擔任過中國佛教會赴日本訪問團的團長，他了解日本佛教的學術研究，大概比全世界的水準要超前五十年，那時日本就編有《大藏經》。但同時他也觀察到，日本人結婚到教堂，往生才找佛教，佛教與人們日常生活還是距離遙遠，人間佛教應該要去日本。到日本弘法，當然要克服語言問題，也需更深入了解日本文化，所以第一步大師是派弟子到日本留學，大概從五十年前開始，大師就陸續送慈惠、慈嘉、慈怡、慈莊、慈容法師到日本深造，一方面結識日本的佛教學者、社會人士，一方面也培養未來需要的師資。所以佛光山跟日本的往來，應該是從那個時候就開始了。但後來因為政府跟日本斷交，中間就停了一段時間。

直到一九九一年，大師在東京的信徒西原佑一，他是台灣人，到日本留學後就長住歸化日本，他在美國去聽了師父的一場演講，覺得日本需要人間佛教，就很積極的表示，希望在東京能夠有佛光山道場。在他努力奔走下，先成立了「東京佛光協會」，然後準備籌建東京佛光山。於是山上派了法師過去，住在三帖榻榻米大的地方，就從那裡開始。

我是輔仁大學日文系畢業，在佛光山出家後就擔任叢林學院日文學部的老師。「東京佛光協會」成立，西原佑一督導提供了他們家辦公室的一半做佛堂空間，東京的日本人都是住得小小的，一居室大概三坪大，又要工作，又要兼做佛堂，使用上很不方便。所以一九九三年，平和尚就來看場地，透過當地的人介紹，找到現在的東京佛光山這個地方。

我們在日本的弘法，一開始都是以台灣人為主，後來像馬來西亞的華僑，很多在日本工作的，他們也加進來；慢慢的只要是會華語的，香港的、新加坡的、越南的，都加到我們這個行列。那時就一邊觀察，一邊思考，最初階段在日本以華人為主的弘法，信徒需要什麼？的確，在一個文化完全不同的地方工作、生活，其實很辛苦，所以信徒到寺廟來，他們就一直講華語、台語，好像不需要用到日文的感覺。問信徒為什麼不講日語？他們說，就是覺得來到這裡可以放鬆一下，不需要再講那個日本話。有的師姐住在日本人的區域裡面，先生上班了，小孩子很小，孩子一哭鬧，樓下的、隔壁的鄰居就來敲門，所以她只好抱著孩子待在公園，等孩子睡了才敢回家，其實內心有很多的孤獨。剛剛移居過來的，對報稅、租賃房屋的規定弄不清楚，所以週末、週日我們會請律師、會計師做一些諮詢，幫他們解決法律上或居留的問題。有的人日文實在不夠好，找工作受限制，我們也開班請老師來教日文，甚至也開了一些他們需要的才藝班，像電腦教室之類。所以一開始是從生活上為這些離鄉背井的人服務，慢慢他發展到以佛法為心靈服務。

佛光山在這個地方，就是提供了一個平台，有各行各業的人，大家彼此可以信任，因為在商場上，人與人之間的信任度不夠，進入佛門有共同的理念，來到這裡，不管你在社會上的身分如何，都是平等的，你是大老闆也好，你是打工的也好，大家一起到佛前，一起禮拜，眾皆平等。在這樣一個包容很大的環境裡面，大家可以安心，找到力量。尤其熟識之後更能互相扶助，我們的信徒中有人住醫院，家人沒法及時趕來照顧，旁邊都是佛光人幫忙照顧起居；家裡有婚喪喜慶，也都是佛光人在幫忙，所以信徒說在這裡感覺有依靠，很安心，在海外也能好好工作，好好扶養下一代，異地生活不會那麼孤單。

問：東京佛光山安定下來之後，你們就開始對外去交流了？

滿潤法師：既然目標是弘揚人間佛教，一定是要走出去的，但我們自己也必須先培養一些人才，東京道場中的很多師姐，後來都能幫忙做翻譯，做急難救助的事。我記得一九九四年華航名古屋空難，東京的這些佛光人，就趕快去幫忙，因為家屬全部都從台灣過來，需要人幫忙做翻譯，更重要的是陪伴、安慰，所以後來名古屋那邊的華僑也提出希望有一個佛堂，讓他們可以聚會，聽聞大師的教導，得到支持和安心，所以才會有了佛光山名古屋的道場。

那第二個階段，師父當然有指示，除了華人以外，我們既然在日本，應該更了解這個國家，當時師父就提出「本土化」讓我們去思考，他是非常先進的一個想法。師父覺得要讓很多本土的人來加入人間佛教的弘法，甚至我們的寺院都可以給日本人來做住持。當然信徒就會覺得，為什麼我們建的寺院要給日本人來做住持？師父就講，如果沒有當年這一些印度的和尚來到中國，培養中國的僧人，讓他們在中國主持寺院，後來就不會變成中國佛教，所以佛教到哪裡，都一樣要本土，大師來到台灣，其實也一樣是本土化，大師的弟子都是台灣人，從惠師父幫他用台語翻譯，台灣的民眾才能夠聽得懂。所以本土化先要克服語言本身的障礙，另外一層就是要克服文化本身的障礙，語言可以透過學習來溝通，要突破文化的障礙就要用更大的力量。因為文化看起來很像，其實又不太像，日本有漢字，但是日本的漢字的意思，有的跟我們又不一樣，它也是從唐朝隨著時代慢慢的演變而成。而中國的語言本身也因多次的改朝換代一直在改變，其實我們的語言文字變得比當初保留在日本的還多很多……，所以，中日的語言文化雖然有些許共同的根源，事實上差異極大。

就說佛教這一個領域，我們希望多一些日本人一起來參與，發現跨越第一步並不太容易，有人會提出質疑，說日本佛教已經有一千五百年歷史，已經有很多宗派了，你們為什麼要來呢？我們說很願意跟他們做交流，大家彼此可以學習。我們就在東京池袋車站辦浴佛法會，已經辦了七年，活動中有日本的表演，有台灣的舞蹈，就是先從文化的交流開始。我想人與人之間不能信任最大的原因是不安，人家覺得你是外國人，我不認識你，你在這裡我恐懼……，那麼，我們就要等待機緣，想辦法消除對方的恐懼和不安，這需要努力，但也急不來。

問：籌建法水寺的時候，也是碰到這樣的問題？

滿潤法師：當初去法水寺的所在地群馬縣，當地的人只是聽說有宗教團體要來，是外國人，他們就有很大的疑慮。因為日本社會是習慣跟認識的人往來，團體中他們會介紹這是我同學，這是我同事，這是我的什麼人，好像大家都是親戚朋友就有一種保障；那個時候他們對佛光山不熟悉，再加上日本本身有太多新興宗教的問題，尤其是之前的奧姆真理教，所以他們的不安，也是其來有自。

問：是因為信徒逐漸增加，有了擴大建寺的需要？

滿潤法師：東京佛光山是一九九三年成立，後來又有東京別院，但過了幾年之後，還是不敷使用，它一百五十幾坪，扣掉很多設施之後，能夠用的共修空間有限，信徒來參加八關齋戒，要自己帶睡袋，睡佛堂也就罷了，夜裡上個廁所回來，連位子都沒有了，再怎麼擠進來，大概只能容納八十個人，大家就希望找一個大一點的地方，一直在找，也找了一陣子了。好不容易到二〇〇一年，大師到東京傳授三皈五戒，就順便去看了群馬縣的一塊地，第二天，接著去看現在的本栖寺那個地方。本栖寺當初是日本競艇協會的選手訓練中心，占地約一萬五千坪，建地四千坪，因為這個競艇協會在福岡另外買了地方，它兩邊沒有辦法維持，所以用很優惠的價格讓給我們。群馬那邊是想要規畫做為日本佛光山總部，本栖寺這邊則是一切現成，只要把設施做局部改建，很快就能使用。但剛剛也講了，自從一九九五年奧姆真理教事件之後，日本人對宗教這一塊是很緊張的，我們必須找人來做擔保，所以就去拜訪淨土宗的知恩院，那時候的總長水谷幸正先生，跟大師是三十幾年的朋友，我們把銀行的人帶去，見過了水谷幸正先生之後，他就發出一份保證書，保證佛光山是一個非常正派的團體，再拿這一張證明，由銀行的人去向地方鄉鎮政府做說明，經過層層手續，好不容易能夠在富士山下本栖湖畔，有這樣一個訓練中心，改建為讓大家修行、辦法會的地方。

問：去過的人都說本栖寺的湖光山色美如仙境，現在都是怎麼規畫和使用這個地方？

滿潤法師：本栖寺就建在本栖湖畔，看得見富士山，的確山明水秀，非常寧靜。

這個地方有個傳說，說是八百年前火山爆發的前一夜，很多村民都夢到一條龍，叫他們趕快離開村子，大家惶恐逃難，不知道要搬去哪裡？結果看到前面的那一座山，長得有點像富士山，他們就稱它小富士，就進山再說，果然，原來的村子那邊火山爆發了，這座山裡有個湖，魚在湖裡游來游去，他們想：魚都可以住，那我們應該是可以住下來，所以取名「本栖」，本來棲息的地方，那個湖就叫做本栖湖。也很湊巧，師父來這邊的時候，說到他當年出家的地方在栖霞山，也覺得很有因緣，所以寺院就取名本栖寺。

本栖寺在二〇〇二年四月啟用，那年，佛光會的世界會員大會就在這裡舉行。先前裝修的時候，因為這裡最大的廳以前是個武道館，是供運動員練柔道、練劍道的地方，所以它的空間是個四方形，中間有一根大柱子。大家就想，這樣佛堂要放哪裡，很難放，因為佛堂通常都靠著一面牆，中間的位置留出來做共修場地，有一根大柱子就不完整了。結果大師到了之後，看一看，就說：「我們蓋個四方佛。」師父就是很有創意，本栖寺的佛堂很特殊，中間四面都是佛，大家進來都在繞佛。

外面是非常好的環境，本栖湖就像後花園，走過去一分鐘就到湖邊，尤其當地為了要保護這個湖，是不准遊艇下去的，所以湖邊只有兩條船，一條船屬於他們的觀光協會，另一條就是本栖寺的小艇。

十六年來，佛光山很多的講習會，像金剛會議、婦女會議等等……，都在本栖寺舉行，這裡辦了非常多的活動，因為很適合做幾天研討會的場地，吃飯、住宿的地方都有，大概可以住兩、三百人。大家最喜歡去環山繞湖騎腳踏車，所以信徒就捐了很多的腳踏車。

通常本栖寺在國曆元旦一定會辦活動，因為日本有個習俗，一月一日要看日出，尤其看到富士山的日出，看到老鷹，就是大吉祥，無比祥瑞的象徵。我們在名古屋有一個醫生信徒，他是日本人，太太是台灣人，他有一年來本栖寺參加元旦祈福，拍攝了富士山的日出，回去之後就送給他的病人。有個得癌症的病人，突然間覺得恢復情況大有進步，就請求醫生每年要去拍攝。有一年醫生說最近實在很累不想動，但他的病人說，不行，你一定要去，我們看到富士山的日出，就覺得今年會很健康，很有希望。

透過辦活動，我們慢慢跟當地人結緣，佛光山在大阪、在福岡後來都有道場，像福岡道場有九州大學的留學生，還有藝術家來護持道場，長期做義工他們也做得很歡喜。其實日本人是很尊重義工的，走到哪裡他們會特別介紹，這位是義工，那位是義工，所以有日本的寺廟，還特別請我去跟他們的工作人員講義工的精神，聽眾全部都是日本人。他們覺得你們這個寺院實在太了不起，竟然有那麼多的人願意來做義工，有一個日本寺廟的和尚說：「奇怪，我們的信徒怎麼都不肯來幫忙我做歲末大掃除，怎麼你們的信徒都一堆人來幫忙做義工？」這最大的不同是，他們的信徒覺得寺廟是住持的家，他應該自己打掃，佛光山的信徒覺得寺院是信徒們的家，所以要一起來幫忙。這就是大師一貫的理念，寺院是信徒所共有，法師就像雲水僧，隔一段時間會調職，因為信徒他也許一直在這個地方，他來護持寺院，來幫忙做什麼事，他會覺得很高興，他把它當家來看待。所以師父跟信徒開示，都說：各位老闆，你們都是這裡的主人，你們都是我們的功德主。所以人間佛教說「僧信平等」，出家人跟信徒是平等的，的確有做到。所以佛光山就很像一個大家庭，大家互相照顧，共同創造一個現前的佛國，這是師父的理想，也是我們的理想。

問：法水寺的興建，這中間是如何克服了困難？完成後在人間佛教未來的發展中將扮演什麼角色？

滿潤法師：群馬縣法水寺這塊地，二〇〇一年大師去看過之後，基本上到二〇〇三年才算敲定，決定要把它建成本山。法水寺腹地比較大，有六萬坪，現在大概開發了三萬五千坪，這十幾年的時間，我們其實一直在努力，但地方上猜疑反對的聲音無法平息。還是那個基本的問題，他們不清楚從國外來的是什麼人，為什麼一定要來這裡？能不能換地方？多年以來對佛教根深蒂固的認知，就是家有人過世了，做忌日了，才需要去寺廟，雖然他們也自認是佛教徒，但並不知道自己屬於什麼宗派，也不清楚修行是什麼，大部分的人都是這樣，所以要他們再接受一個新的想法，他們會很害怕，甚至就把你劃成所謂的新興宗教。在這樣的氛圍下，一切緩一緩，等待機緣。

二〇一一年，日本東北發生大地震，第二年，我覺得群馬這邊有些變化，就跟山上請命說，那我們去試試看，就住到了當地。東北大地震除了災區以外，其他的地方，他們叫做「經濟災民」，為什麼？大家都不出外玩了，好像因為災區太嚴重，所以我們不應該出去玩一樣，整個經濟一直往下掉，在群馬縣渋川市伊香保這個地方，每年本來一百多萬的觀光客剩下七十幾萬，他們嚇到了，所以很希望地震後對日本援助非常多的台灣客人能夠過來，他們因此開始用心了解台灣，可以說因緣成熟了，他們知道了佛光山，主動希望到台灣總本山去看看，市長帶著一些重要的議員，還有當地觀光協會的會長，到了總本山佛陀紀念館一看，就說：「太好了！你們趕快來建。」之前很多的為難、刁難，行政上一下打通了。有趣的是，市長覺得很好，但他眼睛裡看到的好跟我們不一樣，我們看到佛像莊嚴殊勝，他看到有很多的巴士，有7-11，有星巴克，有餐廳，有特產店……可以為當地帶來商機。

師父常講人間佛教就是「給人家要的」，東北大地震的時候，我們是直接到東北去救災，群馬縣不需要救災，它需要的是很多觀光客來，師父教誨我們，你要先給，你不要想從他這一邊可以獲得什麼，你先給，當你願意付出的時候，他也會看到你的真心。所以我們去了之後就先辦素食品嚐會，把群馬這邊旅館的「女將」，就是老闆娘，和他們的料理長，邀請了一百多位來，招待他們吃我們煮的素食，裡面有中華料理，有和風的，有西洋口味的，我們有三個素食達人教他們怎麼做，然後請開餐廳當廚師的信徒，現場示範並回答他們的問題。接下來我們辦佛光山亞洲聯誼會，各國的佛光人一起來群馬共襄盛舉，去住他們的飯店，吃他們推出的素食料理，大家都很歡喜。所以從二〇一二年開始，慢慢的改觀，連當初反對最多的旅館老闆娘，也組團到台灣參觀佛陀紀念館，看過之後她們就覺得安心了。也感謝我們的一個信徒，日本裕毛屋董事長謝明達，他太太就是群馬縣的人，他的小舅子是另外一個鄉鎮的觀光協會事務局局長，他們來協助跟政府單位往來，打通關非常的順利。

師父說人間佛教是「佛說的、人要的、淨化的、善美的」，真是訪諸四海皆準，佛光山法師在海外弘法，都是從零開始，怎麼開始？滿足「人要的」，我們有淨化、善美的心，慈悲而正派，無論到哪裡，都不是文化侵略，而是一種佛教的慈悲要實現，如何實現，就是以道場做為一個平台，讓信徒來到這裡安心、互助，成為善的循環。

另外，因為大師早年就跟日本佛教學術界往來，所以大概從一九八八年開始，佛光山辦的很多國際性學術會議，就會邀請日本的學者，尤其有佛光大學、南華大學之後，交流更多，對法水寺的興建及地位提升都有很大的幫助。法水寺落成的時候，我在東京大學留學的指導教授，他是東京大學榮譽博士，也來到現場，他就講，日本佛教有很多宗派，比較大的日蓮宗、曹洞宗、臨濟宗、淨土真宗……，大家平常並不怎麼往來，所以已經很多年沒有看到日本這麼多不同宗派的出家人共聚一堂，沒想到竟然在法水寺看到，因為他自己本身就是曹洞宗的出家人，看到日本的佛教界可以和和氣氣的一起聚會，真的很感動。

第二個感動是，佛光山的信徒都會唱誦《心經》，唱爐香讚，整個佛堂充滿了莊嚴的、有活力的聲音，呈現出一個不同的、現代化的佛教的樣貌，應該能刺激日本佛教界去思考，他們還可以做些什麼。的確，法水寺落成之後，非常多的宗教團體來跟我們做交流，他們很意外，在日本群馬縣竟然有一個這麼大的道場，他們也很歡喜。在舉辦不同的交流活動裡面，其實我們都在成長，未來怎麼做跟香海旅行社一起在規畫，譬如禪之旅，信眾來到日本，除了法水寺臨濟宗的禪修，也可以帶他們到日本其他的寺院，像曹洞宗，體驗不同的禪法教學。我們也安排茶禪，體驗透過茶禪沉靜下來，再一起做心得分享溝通。現代人因為忙碌，分分秒秒都在計較，無法放鬆身心，上次群馬縣的縣長來的時候，我們就教他如何在他的辦公室禪坐，掛腿坐，利用呼吸讓心沉靜下來。那次縣長是帶他的一級主管十八個人過來，他們覺得很好，很受用。接著會有一些企業團體營，他們登記，希望來寺院體驗佛門的一天。

未來我們準備成立日文佛學院，培養更多在日本弘法的人才，也希望它本土化，有日本人一起來研究人間佛教，因為人間佛教它不是平面的，它是立體的，做出來就會有成績，佛光山的亞洲聯誼會，就是讓不同地方的主事者看到別人在做什麼，進而參考學習。我想佛光山在日本的道場，一定會進入一個轉型期，從華人為主的，轉變成華人跟日本人相容在一起，也許未來會變成日本人主持的人間佛教寺院也說不定，但是我們要朝這個方向有更多的包容。在海外，在國際上，無論你用英文弘法，用日文弘法，用更多不同的語言的弘法，最重要的就是闡揚人間佛教的精神和行佛的方法，讓走入這個地方的人，得到使人生幸福的法門，這就是師父希望的對大眾、對社會的貢獻。讓世界因佛法更加的安定、美好，也是我們在外面弘法的人主要的使命。

二〇一八年六月採訪整理

有信仰就能承擔
——覺培法師

國際佛光會世界總會祕書長、佛光山金光明寺住持。

我問師父：「為什麼我們要花那多心力去做這件事？」師父說：「為了佛教。」其實每次他的回答都如此。慢慢的我才體會到，師父的身心血液裡，真的就只有「為了佛教」這一件事。

問：常見你以文化弘揚人間佛教，當初如何結下佛緣？

覺培法師：也許是天生個性的關係，年輕時我對於真理的追求，是非常強烈的，也喜歡看佛書，參與了很多不同寺院的修持課程，那時候就感覺到，這個世間有很多的問題存在，而佛教道理這麼多，這麼豐富，但是對人類的困境問題，到底能不能做出一個有效的解決？因為我高中及大學的學業是留學阿根廷完成的，當時就有緣結識了在南美洲佛光山弘法的覺誠法師，他邀請我去參加在法國舉行的世界佛光會大會，跟星雲大師有一個見面的機會。

那是我第一次見到大師，也很感謝有這個因緣，我提出的問題大師完全沒有拒絕的，甚至允許我在一路上提問，從頭到尾，前後大概三個禮拜的時間，吃飯的時候，坐車的時候，甚至在飛機上，大師都允許我，讓我繼續問他問題。當時我問的不外乎就是有關佛教的教理部分，佛教經典的現代詮釋；以及針對這個時代還存在著這麼多的問題，佛教能不能做出有效的解決？第三個就是我接觸了佛教很多不同修持方式，但也無意中發現寺廟的管理問題。印象很深刻是我問大師：「很多人說台灣的佛教是山頭主義，您認為佛光山也是一個山頭嗎？」當時大師說：「奇怪，我怎麼沒看到山頭，你卻看到山頭了？」「你知道盛唐時期佛教百花齊放，我怎麼看現在的佛教？我覺得很好。喜歡禪修，有禪修的道場，喜歡慈善，有慈善的道場，佛教百花齊放有他的好，每一個人各取所需。」我就問大師：「那我們的佛教又是什麼？佛光山的佛教又是什麼？」大師說，佛陀本身其實祂沒有分宗派，佛教就是每一個人他與佛相應的宗教，也明白的說佛光山是一個八宗兼弘的道場。

那時候我還不是很了解，慢慢的我去認識更多的法師之後，的確，在佛光山很多不同的法師就是鑽研不同的領域，有的在唯識，有的在天台，有的在淨土，真的讓信徒們在學佛的過程，有不同的老師可以請益，我覺得這個也是佛光山的特色。大師弘揚的人間佛教，跟傳統的佛教其實是很不一樣的。

問：大師講過，行佛比學佛重要。你很早就學佛，你認為呢？

覺培法師：確實如此，如果我過去沒有接觸其他的團體，我就不了解佛光山的特色在哪裡，「實踐」這件事情，是我看到大師最鮮明的地方，可能很多人認為他也講了很多，但我們是從他身邊看到的，他做的更多，很難理解他所關心的層面是那麼廣。我們大部分人局限在華人世界，可是星雲大師他的著眼點是有情眾生，他關心更多國家更多人所受的苦難，只要他能做到他都關注，比如說在巴西這一塊土地，他覺得那裡的孩子就喜歡踢足球，為什麼不讓他踢足球？在菲律賓，那裡的孩子喜歡唱歌，為什麼不讓他們唱歌？所以我在大師身上看到，他不僅僅是一個宗教家，我覺得他更像一個偉大的教育家。

問：你追隨大師超過二十年了，這之間一定給了你很多任務，你覺得挑戰最大的是什麼？

覺培法師：應該這麼說，我也有好幾次無法在第一時間明白大師做事的深意。譬如有一年，大師說我們佛誕節就辦到總統府凱道去吧，其實我心裡頭很牴觸的，我想那是一個政治那麼敏感的地方，為什麼大師你要選擇那裡？我心裡頭並不太接受，後來就忍不住問大師說：「師父，你選擇這裡的原因，可以讓我知道嗎？」師父說：「你不覺得那個地方太吵了嗎？」我一聽，明白了，師父就講：「佛教說要和平，不是口號，我們為什麼不能把和平帶到最吵鬧的地方？我們為什麼不能讓那一條總統府前的凱道，成為一個祥和祝福的地方？」這一席話讓我真的很感動，當我接受了，我就去做了。佛誕節活動順利在凱道舉辦。

還有一個就是籌辦世界佛教論壇，對我來說印象深刻，因為那是我第一次跟大陸互動往來，包括要面向全世界五十三個國家的佛教領袖，邀請他們來參加第二屆世界佛教論壇，那是兩岸首次合辦，開幕在大陸的無錫，閉幕在台北。因此，我一個月大概要去北京開會兩次至三次，每一次去，必須會商議題和很多的細節，讓我第一次體會到，辦一個國際活動，尤其是兩岸一起辦一個國際性的活動，不僅要考慮到安全問題，裡面還有許多的政治考量，是我過去從未接觸過的，那一個過程對我有許多的衝擊，包括我問大師：「為什麼我們要花那多的心力去做這件事？」大師說：「為了佛教。」其實每次我有疑惑請教師父，他的回答也就是一、兩句話，慢慢的我才體會到，師父的身心血液裡，真的就只有「為了佛教」這一件事情，記得那回他說：「覺培，你聽好，為了佛教不惜一切。」那一次五十幾個國家的佛教領袖會議，結束前他們在台北有八個場次的論壇，談環保、談慈善、談國際、談管理等等議題，我就發現豐富了台灣佛教界的經驗，如果沒有這個因緣，恐怕更多的佛教團體還是停留在一種傳統的思維。投注那麼大的心力，後來聽到他們的反饋的時候，我感覺是值得的，因為，哪怕是聽到一個觀念，回去改變一個地方的做法，都能產生進步的影響力。

問：大師非常懂得識人跟用人，把你放在國際佛光會，又處理兩岸的事情，包括去參加博鰲亞洲論壇會議，代表大師跟教宗會面，還有最近去聯合國的這一些活動，你覺得師父對你的期望是什麼？

覺培法師：我記得參加博鰲亞洲論壇會議那一次，每個人都要繳一個費用，我聽了就捨不得，我說：「師父，那個費用說要繳十五萬，他們邀請我，為什麼還要我繳費？」當時師父就說：「覺培，你聽好，十五萬去宣揚佛法太值得了。」雖然後來那一筆錢我不用繳，他們說做了一些審查的工作，後來就沒有讓我繳費，但是師父那句話太深刻了，原來大師的看法，如果能夠在國際場合宣揚佛教的理念，他認為相當值得。

同樣的，最近我們去聯合國，在國際的舞台上去發聲，尤其這次聯合國的談話主題是「平等」，我們發現這個世界其實還充滿了太多的衝突、對立、戰爭，多少人還在被迫害，以佛教的觀點看來，人類並沒有在因地上去解決問題，只是不斷的在結果裡頭去尋找答案。所以，這一次去聯合國之後的心得，佛教不僅僅要不斷的爭取發聲的機會，應該說目的不僅只是為了佛教，還為了人類。人類的衝突，其實根源還是離不開貪瞋癡，貪而掠奪，瞋造成世仇，癡是沒完沒了的報復，人類太多的無知，繼續傷害著彼此。我感覺大師要我們走出去關心這一類事情，我們在這個時代是有這樣的責任，佛教真的應該要為世界的和平與安全多做一點。

問：推廣國際佛光會的活動當中，請舉些體會比較特別的例子，不管是成功的或是失敗的，有挫折的或是得到鼓勵的。

覺培法師：鼓勵非常多，早先我在佛學院教書，等到我去承擔佛光會的工作之後，真實的感受到大師耕耘了六十個年頭所教育出的徒眾，包括出家弟子或信眾，他們身上都能看到很鮮明的特質，就是「給」，那種慷慨的「給」，他們的家庭可能不是那麼富有、那麼優渥，可是他們願意掏腰包出來，視為當然的去成就、去幫助別人的事情。當我們提出遠在巴西有一個足球隊，那裡的如來寺在照顧一批喜愛足球的貧民窟孩子，他們可能都沒去過那個地方，卻義無反顧願意支助。當我們說菲律賓那裡要成立一所光明大學，讓有音樂藝術天分卻因家境貧窮失學的孩子來進修，他們也立刻願意支持，哪怕根本沒到過那個地方。我看到他們的「給」，是完全無所求，跟隨大師多年，他們也早就通透了一個道理，就是——我們能帶走什麼？如果能夠在人間為別人點一盞燈，是一件幸福的事情。

大師對待信眾，也是長年累月無時無刻的在想，我還能為他們做些什麼，所以信徒被感動，也是來自大師的捨得，無論是他們希望有一個寺院道場在他們家附近，好讓他們修持，或是他們希望自己的孩子讀的學校有更多的品格教育，大師也一個一個儘量去滿他們的願。佛光會的確早就具備「善善循環」的動能。所以有一次我說，過去在佛學院教書，是在觀世音菩薩大悲殿裡頭，到了佛光會，是在世間看到更多的千手千眼觀世音菩薩。尤其當災難發生，像八八風災的時候，他們二話不說立刻動身跟我們到災區，道路中斷了，徒步把食物扛進去送給災民，去幫忙清潔別人的家園，給救難人員去送便當，甚至跟著我們坐的水車，去把裡面的人救出來。第一時間到第一線，沒有任何的猶疑害怕。像汶川大地震發生時，他們組隊進去幫助救災前後七、八天的時間，我幾乎不敢睡覺，因為去的是一個重災區木魚鎮，非常危險的地方，在衛星顯示，那個地方上面有一個堰塞湖，是隨時會發生意外的。當時我就請他們先速速離開，但他們已經投入了，裡面有搜救隊、有醫療人員，有運送及供應民生物資的，我們叫做「四合一人道關懷」，這四組人怎麼樣都不肯出來，他們說這裡面還有將近五千多個居民，下面活埋了大概五百多個學生，每天都有一、兩千人排隊要看醫療，沒有辦法離開這裡。在最後一刻我不得不警告與請求，八天後終於到機場去接到他們，眼淚幾乎都掉下來了。他們的勇敢和無私無我真的令人佩服。我在佛光會的會員身上學到更多，給我的鼓勵太大了。

問：你在全世界奔走，也在東南亞各個地方聯繫、開會、工作，你覺得這對人間佛教在國際上，產生了哪些影響？

覺培法師：以今年去聯合國開會為例，我們帶了四個非洲的女孩子，他們是第一屆南非佛光山南華寺天龍隊的學生，我從她們分享自己的故事裡，發現到佛法太微妙了，能夠在非洲這一塊土地上，改變她們的命運，尤其讓她們找到自尊、自信，找到自己要創造命運的那種熱情，讓她們感覺到願意為自己的人生負責，願意去開拓天賦，願意去發展人生的價值，我在她們的侃侃而談當中，看到我們過去在做的這一件事情，竟然在這些十幾歲的女孩子的身上，產生那麼大的力量，太感動了。

也許大家知道另一個類似的故事，在巴西的貧民窟，它是社會很大的問題所在，沒有人敢走進那個充滿危險的地方，我很尊敬的覺誠法師，把大師的理念帶進去。大師也沒有想要改變南美洲原來的天主教信仰，整個「如來之子」的計畫裡頭，校規大概就是五戒：不殺生，就是不殺人，因為貧民窟裡面有很多的械鬥；不偷盜、不邪淫，不妄語，就是不能說謊，當然還有一個很重要的就是不吸毒。大家持守這五戒就行了，不一定要改信佛教。在法師的愛心帶領、種種努力之下，這些孩子真的改變了，他們自己說，貧民窟孩子過去的命運不是跟人械鬥橫死街頭，就是為掙錢走上色情暴力，可是現在他們看見希望，願意為自己再力爭上游，願意努力讀書，他們看到有人成為教練，有人做了老師，甚至有人讀了大學，當我們跟足球隊的孩子們座談，聽他們的夢想，有個孩子說，他以後要做國會議員，他想要改變巴西的制度，想要為窮人做出有希望的政策。我是很享受的在聆聽他們，那種充滿未來信心的眼神，我覺得那是人間佛教給出的力量。這裡面，佛教這個旗幟並不是那麼重要，而是佛教的內涵注入到生命裡頭，改變了這些孩子的人生。

剛剛說的非洲、南美洲，甚至在印度，我們也正在努力。印度現在不平等的種姓制度仍然嚴重，許多地方還是有賤民村，佛光會在那個地方成立之後，會員覺得為什麼我們不以印度人的身分，積極把力量投注在印度這塊土地，為他們做些改變。覺誠法師到了現場，就說：「我們為什麼要叫做賤民村，我們改為希望之村可以嗎？」就這麼一個文字的改變，他們突然發現可以是希望之村的時候，每一個人眼神就亮起來，「我可以嗎？」「當然可以，如果你願意，你當然是可以。」當我們去翻轉這些人的生命的時候，其實受到更大的鼓舞是我們自己，我們不過就是把一些好的想法、好的方式帶給了當地，讓他們用當地的、自己的力量去站起來，我覺得這還是比較究竟的。

問：為什麼你們每個人都那麼拚命？師父交代的，大家就拚命的去做，你覺得是什麼樣的動力？

覺培法師：我比較不是那麼乖的人，師父說什麼我就去做什麼，我要先想清楚師父期望我們做事的目的是什麼，比如之前談到的凱道佛誕節，當我想到它是可以推動一些改變的時候，才變成我不惜一切要去做的一件事。的確，大師他看見的，有的時候是我們看不到的；他的高度、他的遠見，有的時候是我們不容易理解的；但是當我理解之後，我會不惜一切的去做，真的是幾天幾夜不睡覺，去把一件事情完成。我在長老們的身上看到這種精神，我在很多大師兄身上也得到這樣的滋養，他們真是願意冒著生死，不顧危險，槍林彈雨中都堅守在那個地方弘法，我有很多這樣的前輩，給我鼓勵，讓我在他們身上學到很多，都是我的典範。

所以，當我了解師父交代的這件事情，是何其重要、何等可貴的時候，就會油然生起使命感，自然化為一種行動，一種實踐，而不只是在說、在談論。我在同門很多法師身上，都看到這一種動力，歷久彌堅。大師不太管我們被派到非洲、歐洲或是哪一個國家，大師就是信任，就是讓我們去做，我們還真是滿拚的，發自內心，要拚。

問：最近這些年，大師一定常常跟你們談到佛光山的未來，談到人間佛教的未來，你覺得未來的路要怎麼走。

覺培法師：我有很迫切的危機感，佛教的人口在整個世界的統計裡是遞減，信仰佛教的人減少意味著什麼？意味著我們佛教並沒有成功的把該做的事情做到，譬如讓更多的人認識佛教。也許我們還停留在過去的方法，不了解現代人需要，浪費太多的時間，因此看到大師在世界大會的主題：共識與開放，讓我感觸深刻。佛教團體之間，能不能有一個共識，互相之間不要抵觸削減力量，或者是說，傳播佛教者本身，胸襟能不能更開放一點，這個開放不僅僅對佛教徒，也要允許異教徒，不僅是接納出家眾，要更開放給在家眾來發揮他們的所長。

當然大師他迫切的覺得教育是一個關鍵，人才是一個關鍵。從事教育工作者，能不能有開放的胸襟，允許一些不是那麼乖，很有他的性格、他的看法，就像我當初很大膽的、很不禮貌的，甚至很直言的挑戰了很多問題，可是大師他卻允許一個這樣的年輕人跟著他提問，還一一的做了回答。更多的教育工作者，是不是能允許不同的意見，甚至在衝突當中，彼此聽到對方的角度，對方的聲音，也許可以打破盲點，重新看到世界更完整的部分。所以我一直感覺到，未來的工作、責任跟使命是沉重的，也感覺必須面對時代的變局，扛下一個承先啟後的責任。

問：除了開放、接納、傾聽，你覺得該怎麼做，能夠吸引年輕人來接受佛教？

覺培法師：實際上我們內部也會經常討論，包括ＡＩ（人工智慧）這個熱門的議題，我也很認真的去思考，現在年輕人如何接觸到佛教？我記得嚴長壽先生說，對現在的年輕人來講，什麼上帝？他說google就是年輕人的上帝。的確，年輕的孩子在網路上的世界，跟我們所認知是完全不一樣的，那我如何借力使力，藉著這個網路的世界，讓他去接觸佛法並且喜歡它，我們正在嘗試做一個佛學大考驗的遊戲，叫「佛學智慧go」，讓他們去累計他的點數，然後在闖關當中，去認識佛教的一些觀念，這是想辦法用現在年輕人的語言拉近他們與佛教的距離。ＡＩ這個東西也讓我們重新去思索，ＡＩ本身，也就像任何科技的產物，並沒有好壞，是創造ＡＩ者腦袋裡頭的想法，造就未來世界的好與壞。他可以創造更多的擬人腦，可是他沒有辦法創造人心，人心還是根源。

所以佛教在這個時代，有更重要的意義，就是如何讓這些科學人，有對的觀念，有好的心腸，去做對人類有益無害的事情。我們若看到人們真正的需要，就看到新的機會。現在的人是更加的理性，不會盲目的崇拜什麼，我覺得對佛教來說時機更好。佛教是人類歷史上打破神權的第一個宗教，現在把這個權力回到人的身上，讓自我的生命自己負責，讓人們更加理性的去認識他這一生追求的方向跟意義，我覺得佛教有機會擴大、提升。

問：在最近幾年，不斷聽到大師說佛光山要「集體創作」。

覺培法師：佛光山這個集體創作的團體，真的很有趣，我想不僅是我，每個人都願意做小螺絲釘，掌聲給誰不重要，重要的是我也共享了那份榮耀。這裡是大家共有的，我們不敢輕視任何一個小人物，因為等一下他不開心，這個定時的飯就沒得吃了。每時每刻都這麼的有秩序，這個感覺是很真實的，因為這個世界是大家一起互相撐起來，佛光山就是如此。

問：如此有秩序的集體創作團體，可是大師說他完全不管理。

覺培法師：師父真的不太管我們，他給我們任務之後，就不管我們。師父說他不懂管理，只懂人心，他真的給我們很大的依靠，這個依靠不是說我們要去依賴他，而是他給我們精神上的支持。像這次我們從聯合國回來，他會給我們鼓勵：「很好，你們讓佛教更上一層。」當我們沒辦法解決問題，跑來他這裡，他就說：「不要怕，有這個問題發生，沒有什麼了不起。」讓我們感覺他真的懂我們，在外面再辛苦，只要是對的事情，不要害怕，去做就對了。我們對師父的尊敬並不只是一個概念上、名相上的師父，是真的在心裡頭，給我們很大鼓勵和支持的那個力量。

問：你說對全世界佛教的衰退有迫切的危機感，你對弘揚人間佛教、復興佛教有信心嗎？

覺培法師：我們就以印度為例，佛教源於印度，現在印度卻幾乎看不到佛教了，我們幾次去印度，跟當地的歷史學家做了許多交談，有幾個關鍵，也曾經在師父的講話中探討過。第一個，平等。佛教倡導平等，也因為倡導平等被邊緣化，印度的社會在骨子裡就不相信平等，傳統種姓制度階級高握有權位的人，不會想跟階級低的人講平等，他已經得到了，怎麼可能跟別人分享呢？所以，平等這件事情，在印度的社會和他們普遍信仰的印度教的認知裡，是不存在的。

第二個，很多人從歷史觀點，認為佛教被伊斯蘭教入侵，受到迫害，當然這也是一種論述。但印度教也曾經受迫害，為什麼它又復燃呢？關鍵就在於有沒有普及化。佛教當時僅止於貴族和高知識份子圈子，佛教沒有普及到民間，所以當入侵之後摧毀，民間沒有力量復興，因為多數人不知道佛教。

第三個，是佛教自己的問題，宗教的興衰，其實要擔負起最大責任的是這個宗教的從業人員，當然那個時代有那個時代的困難。

現在人間佛教如何擔負起佛教延續及復興的使命，我覺得大師一開始就畫好了藍圖，他說，人間佛教是佛說的、人要的、善美的、淨化的。「人要的」，這一點非常重要，就是普及化的基礎。大師很體恤每一個地方它需要的是什麼，像菲律賓的孩童熱愛音樂，就設學校讓他們發展音樂天賦。印度社會不平等，但還是有人嚮往平等，就從孩子的教育做起。在印度的新德里，我們設有一個沙彌學院，來這裡讀書的沙彌，很多家庭環境是不錯的，父母親有的是教授，有的是醫生，他們願意把孩子送來，是覺得那個思想太好了，他的孩子能夠在這裡，去理解生命更究竟的一些答案。其實印度也有很多思想家，他們在佛教的思想中找到了啟發。像我們在菩提迦耶設的女子佛學院、育幼院，就讓大樹下變成我們的教室，稍微大一點的女孩子，就會去帶領小一點的孩子，給他們說故事，給他們畫畫，彼此之間是平等的關愛，自由學習，不設框架。

人間佛教是用尊重當地文化的概念去融入，沒有強勢的改變，只有包容與接納，但是當我們注入一個善美的，淨化的事情進來的時候，久而久之就發現它起作用了，善美、淨化本身也是一個普世價值，大家都希望世界變得更好，所以人間佛教到哪裡都可以發展，我們有很大的信心。

二〇一八年三月採訪整理

多蓋一所學校，就會少一座監獄
——覺誠法師

佛光山新馬泰印教區總住持。

去亞馬遜拜訪神父的時候，

師父說：「你好像很喜歡辦這個教育。」

我說：「是。」

師父說：「好，這個教育就叫『如來之子』，你就讓孩子學習語言、學習電腦、學習技能、學習道德，但不可以改變人家的宗教。」

問：看過你《如來之子》這本書的人都很感動，不敢相信一位出家不久的年輕法師，就留在千萬里之外的南美洲，承擔起重任。能不能先說說你跟大師的法緣？聽說出家前你母親並不是很同意，要你發了大願才能出家是嗎？

覺誠法師：我是一個幸運者，因為我並沒有到其他的環境去學佛，我一接觸佛教就是佛光山，當初是希望多認識一些佛教的教育，所以來到了佛學院。當我看到原來僧伽的教育，是從頭開始，吃飯怎麼吃？要認真、專心的吃；睡覺怎麼睡？要右側臥保持正念的睡；大概一個人所有的身心狀態，都關照到了，我慢慢的從中了解，原來人間佛教在佛光山，已經如此的生活化了。

那時候我就想，我與其在社會上做一個小我，或者一個大我的奉獻，能不能夠有一個因緣讓我選擇無我的奉獻。當然這個想法傳回到馬來西亞，母親就知道了。她說：「你學佛就好，不能出家。」當然她有很多理由把我叫回去。

後來我就請示大師，我說：「師父，我母親好像反對我在佛光山。」師父說：「你沒有辦法說服你的母親，那你就把她帶來台灣看一看，來佛光山走一走。」這個辦法有效，母親來了之後很歡喜，差不多一個月的時間，她走遍了整個台灣的佛光山道場。然後有一天，我跟她坐在寶橋，大師跟容師父剛好走過來，我母親就站起來合掌，合掌之後她就問我：「你是不是真的很想出家？」我說：「是。」母親就說：「你跟著這個師父是對的，不過你出家我有條件。」我嚇了一跳，因為我從來沒有聽過母親說這樣的話。我八歲父親就過世了，是母親把我們兄弟姐妹扶養長大，我從小非常孝順，也非常的聽話，我心裡想，媽媽你說一百個條件我都會答應。她就說：「第一個，你的心要像橋下的水那麼的清，才可以出家；第二個，你要孝順你的師父像孝順我一樣；第三個，這一支箭射出去是不能回頭的。這三個，你做得到嗎？」當時我心裡面非常的感動，我想我媽媽沒念多少書，能夠說出這樣的話，是在勉勵我。當然後來他看了我出家，就放心的回來馬來西亞了。

問：你當時在讀佛學院，為什麼一下子就跑到那麼遠，到巴西去了。

覺誠法師：為什麼會到了巴西？那時候是依恆法師當院長，他就跟我說，大師要到歐洲、南美洲弘法，也可能就把一些弟子留在當地，你們願不願意？他點名了幾個人，我們當然說願意，其實我念佛學院差不多才一年半，要去南美洲，南美洲的哪裡？巴西，師父要為那邊一個寺院做祈福。我趕緊拿百科全書來看，哪裡是巴西，啊，亞馬遜，住那麼多黑人，我想，糟糕，我去的到底是什麼地方？心裡面也慌，可是我已經承諾了，我一定要做到。結果到了巴西，做完了祈福法會，才知道他們是為了要籌建一個觀音寺，錢不夠，然後請師父為他們做這個法會，師父就把錢全部給了他們。當地的華僑就說，南美洲這個地方，沒有人間佛教，也沒有人弘法，星雲大師你可以留下來嗎？師父說，我沒有地方。當然就有兩、三個居士說了這個地方，那個地方……，我們剛好掛單在一個別墅，是一間木屋，主人就說：「如果大師你不嫌棄，我這一間精舍就奉獻給人間佛教。」師父很有智慧的說：「那不能，要問過你的夫人，這是你們全家的財產，你的夫人也答應才可行。」

第二天早上，他帶著他的夫人來了，他的夫人就很歡喜的跟師父說：「我們全家決定要把這一個房子奉獻給佛光山弘揚人間佛教。」就這麼一個因緣，那裡就叫如來寺。那時候師父就要回去台灣了，他跟我說：「覺誠，你留下來，我過後會派人來支援你。」

就這樣我留了下來，其實那一刻心裡想的還相當單純，好，我就留下來，不過到了晚上我就想，糟糕了，這個方圓五公里好像沒看到人，都是叢林，萬一有賊進來怎麼辦呢？那時候我差不多三十歲，如果真的是賊，這裡有一個佛桌，那我可能要躲在那邊，心裡面真的有一點恐慌。可是我不會因為恐慌就跟師父說，我要回去！我告訴自己：我不會，我不會。

就這樣撐了幾個月，四月份到九月份之間，師父又來了一次，那一次也發生一件插曲。師父要到聖保羅大學講演，飛機應該降落了，突然間聽到報告，飛機沒有到，現在要飛回邁阿密，這把我嚇了一跳，怎麼辦？這個講演在大學，已經公告出去了，今天晚上勢在必行。可是師父在美國，來不了。最後大家決定由我上去。我心裡面想，好吧，那就承擔。

之前因為師父有一篇文章，〈什麼是佛教〉（What is Buddhism）？我剛好跟一個教授在談要怎麼從英文翻譯成葡萄牙文，所以很有印象，在我腦子裡面，已經差不多繞了四、五十次。師父要講的三法印、四聖諦、八正道，文章裡也有，那我就來講。那一天我就把師父著作裡面〈什麼是佛教〉講了一遍，當然我不知道成果怎麼樣，第二天師父的飛機到了，大家都非常歡喜，當然說起那一個講演，師父就問：「怎麼樣，覺誠你昨天講得怎麼樣？」我當然不敢說，整個臉都紅了，我說：「師父，我照本宣科，我只是把您的著作讀一遍。」可是信徒都反應說：「昨天他很勇敢，他沒有怯場。」當然我心裡面是很感謝師父給我這個因緣。

在巴西，很多時候都是沒有預知、預算、預計的一些事情在發生，你必須在困難當中自己設法。當然，我最大的挑戰是要建寺，我沒有建過寺院，師父說：「現在要建一座如來寺，你是現在的承辦人，那你要建。」我說：「師父，我不會建房子，這個砂石怎麼弄我都不會。」師父說：「你跟工人學。」我聽了這一句話，跟工人學，就去看人家怎麼樣摻砂、摻石、摻水，看人家怎麼去量平方公尺，看人家怎麼打地基，種種真的是從基礎開始這樣學起來。

我只有一個信念，一百年後，這個寺院還有人認得嗎？還有人知道它是佛光山建的嗎？所以我決定要把佛光山華藏玄門那一個長廊，一定要照原本的設計，把它放進去。後來大師來剪綵、開光了，好像師父也還滿意。建寺這個事情，確實是在做中學，然後勇敢承擔，不會也不能喊我不會，而是說我願意學，我相信最後做成是這樣來的。

問： 你到巴西聽了大師一句話就留下，一安住就十幾年，後來都很順利嗎？

覺誠法師： 不能說是順利，不過十幾年來我從沒有跟師父抱怨過辛苦。有向師父抱怨過嗎？有，有過這麼一次，但那個時候是剛出家不久，我對很多法事、法會都不太懂，但有人會說，你這個唱得不準，那個唱得不好，我心裡面也會難過。

有一次我就跟師父說：「怎麼辦，這些事我都過不了關，怎麼辦？」

師父就跟我說一段開示，他說：「覺誠，你知道什麼叫做忍嗎？」我說：「忍我知道。」「什麼叫做生忍，你知道嗎？」「生忍我知道，環境太冷、太熱了，這個環境不適合，我要忍耐。」「什麼是法忍你知道嗎？」我說：「師父，法忍就是用佛法來忍耐，不管是發生怎麼樣的事，我必須忍耐。」「你知道什麼叫做無生法忍嗎？」我說：「師父，我不懂，我真的不懂什麼叫做無生法忍。」師父整個臉揪起來做了一個動作，他說：「覺誠，忍，忍無可忍，」他站起來說：「繼續忍。」突然間我感覺好像一個大榔頭鎚下來，「忍無可忍，繼續忍！」後來，我熟讀了《金剛經》，就明白了，師父說的就是無住生心，什麼是忍，什麼是外面的環境，都是因為你本身還沒有到達這個智慧，所以你不能相應，你不能超越。從那一次我明白了，凡事要靠自己的柔軟，凡事要靠自己的智慧去等待因緣。

問：所以你到巴西能待那麼久，做了好多事，因為師父的幾句話啟發，讓你有勇氣想出辦法，去救那些貧民窟的小孩，變成「如來之子」？

覺誠法師：也可以這麼說，我既然來了巴西，就是因緣嘛！那是二〇〇四年的事情了。我們知道巴西也是一個極度貧富不均的國家，有錢人是坐直升機上班，窮人就在河的兩邊，所謂的預留地上蓋違章建築，慢慢形成了很多的貧民窟，當然作奸犯科、吸毒、賣白粉等等社會問題在那裡都有。我們當然也不會排拒這些人，剛開始就是聖誕節去送他們一些聖誕蛋糕，有災難的時候我們也會去幫助，但還沒有想過，要怎麼樣才能徹底的幫助他們。直到有一次我遇到了劫難，那個賊就拿了一把槍對著我，我跟他說：「你放下來，我是宗教人士，我不會傷害你，你也不可以傷害我。」他就放下來，我說坐下來我們談一談，我就問他：「為什麼你要做這個行業？」我當然不會說你為什麼要做賊。他說：「我住在貧民區，我們一生下來就沒有希望，我們就靠這個維生，我們這麼窮。」

我說：「先生，希望這一次是你最後的一次。」幸好他也沒有傷害我，他就走了。可是我腦子裡面就出現這樣的念頭：我幫不了你，我幫你的孩子總可以吧。從那個時候開始，我就跟大家講，我要到貧民區去做教育工作。他們說不行，不行，不行，你不能去，太危險了，進去出不來怎麼辦？我說沒關係，我們之前也做了一些公益的事情，我相信他們不會傷害我。

當然我去了，炯炯的眼睛在看著我，「你來做什麼？」我說：「沒有什麼，要給你們上課，給你們機會。」「什麼條件？」我說：「沒有條件。」「你可以給我什麼？」「我可以給你們麵包，我可以給你們食物，不過要來上課。」結果我預算要收八十個，竟排了兩百八十個來，每一個都想來。我想，糟糕，我沒那麼多米，我沒有那麼多的麵包，先八十個。可是呢，這些孩子就天天要來，我就跟那時候的當家、現在的總住持妙遠法師說：「這樣好了，你借一點錢給我，我來辦這兩百多個人的教育可以嗎？以後有錢我再還你。」他說：「這個是要建寺院的錢，你到時候沒有錢還怎麼辦？」我說：「不會啦，有成績，我相信大家會來捐。」

結果呢，就在二〇〇五年開光的那一天，孩子表演了律動，震撼全場。因為來賓都沒有看過我們在培訓，那一天展現的時候，他們很驚訝這些孩子從哪裡來，怎麼會這麼整齊？怎麼唱歌唱得這麼快樂？後來，在我們去亞馬遜拜訪神父的時候，師父來坐在我旁邊，我就合掌，師父跟我說：「覺誠，我看你好像很喜歡辦這個教育。」我說：「是，請師父指示。」「好，這個教育就叫『如來之子』，你就讓他們學習語言、學習電腦、學習技能、學習道德，不可以改變人家的宗教。」師父就說了這麼一句，因為有一個好的開始，信徒就慢慢相信了，當然就會參加奉獻一些資源，等於就是給了孩子基本需要的米、糧食等等，終於解決了吃的問題，後面的學習再慢慢來做。

外面的人可能很難想像他們的吃，是真的食量很大。我本來想，一百個孩子，早餐一杯牛奶、兩個麵包，大概兩百個麵包應該足夠吧。結果負責膳食的人跟我說：「法師，麵包不夠了。」我說：「有有有，我準備得很充分。」我去看，怎麼後半部的人都沒得吃，前半部的人把麵包吃完了。我就先不說，把餅乾拿出來給大家吃，然後問小朋友：「有兩百個麵包，一個人兩個，你們是怎麼吃的？」有個小朋友說：「我們吃十個。」我說：「怎麼會吃十個呢？」他拍拍肚子：「我要把午餐寄在這裡。」我啼笑皆非，這個孩子窮成這樣，他很天真的告訴你說，把午餐寄在肚子裡了。我就說：「好吧，既然這樣，我們來開一個麵包坊，自己做麵包吧，不然來不及去追麵包。」

後來真的有一個台灣小夥子剛好來了，我說：「你會做麵包，教我們做可以嗎？」就去買一個小機器，冬天又買了一個保暖器，就開始動手做了。麵包的香味飄到左鄰右舍，他們來問：「你的麵包很香，可以賣給我們嗎？」我就想，這樣吧，那乾脆在街上開一個麵包店，就取名「法師的麵包」，因為我知道，天主教神父當初來到巴西的時候，也非常的辛苦，就在山上做蜜糖，他們叫做「法師的蜜糖」，所以我就取了這個店名。到今天，這個麵包店不只是供應來寺裡的小朋友吃，當初的孩子也長大了，也回來做麵包師傅，讓我們的寺院多了一個經濟來源。所以看見困難去想辦法解決，反而創造出各種因緣，讓我們在學佛的路上，能夠走得更寬。

問：你後來調回馬來西亞，現在變成星馬泰印總住持，要做的事情範圍更寬了？

覺誠法師：我在巴西十六年，師父跟我說：「你調回來馬來西亞。」我就從南美洲回到台灣，然後培和尚帶著我來到東禪寺。我就請示師父，來這裡要我做什麼事？師父只是看著我說：「隨緣。」隨緣這兩個字，我明白。

師父又說：「第二個，你要住在東禪寺。」所以從十一年前，師父這一句話到現在，我就一直住在東禪寺，沒有搬到市中心去，這裡算是比較郊外的地方。還有，這十幾年來，我沒有改變東禪寺什麼，原有的建築我沒有動，原有的花木我沒有動，原有的人事我也沒有動它，不過慢慢的房屋增加了，人事需要增加，多了一些人進來。所以師父給我的這個「隨緣」，是非常重要的。

後來因為新加坡滿可法師要調到澳洲去，師父說你們兩個自己商量，誰要去澳洲，誰要留在馬來西亞，我們就在法堂討論。後來師父還是說：「滿可你到澳洲去，新加坡由覺誠來兼。」我就這樣又兼了新加坡。有一天回山上開會，我看我的名字怎麼寫星馬泰印，我就跟主辦說：「寫錯了，我是星馬，沒有泰印。」他說沒有錯，現在是星馬泰印，你去簽名就是了。我也不敢多問為什麼突然間增加，因為我有一個好習慣，就是隨順、接受。那麼這一個星馬泰印，就過了幾年。

去年突然間說，星馬泰印，是印度的印，我說好像不是，是印尼的印，我已經為印尼佛光會服務了好幾年。他們說不是，是印度的印，我想糟糕了，那怎麼辦？後來宗委會就說：「好啦，沒關係，星馬泰印印，就星馬泰印，這一個區域你就來幫忙關心。」

說實在的，我心裡面是滿高興的，為什麼？因為我在十年前，就想發願到印度去，但我知道這個緣分還沒到。第一次看見印度，就覺得這是一個讓我非常震撼的國家，印度在文化上是千年古國，它的詩歌、繪畫如此絢麗，到了印度，我看到好美的建築，但同時也看到殘缺的瓦礫，這不是佛教的源頭嗎？我看不到一座完整的寺院，藍毗尼園一灘積水，一些殘磚，那爛陀大學，就剩下燒壞的瓦礫。那時我就覺得應該要來奉獻，當然師父並沒有答應，我的心裡是一直記掛著的。

佛光山其實早就去了印度，慧顯法師在新德里，主持沙彌學園，負責培養上百位未來的佛子。在菩提迦耶的法師們，也很努力把女眾佛學院辦起來。加爾各達有妙如法師，在服務當地的印度人。後來我負責印度佛光會，到了金奈、大吉嶺、拉達克。拉達克海拔四千公尺，大吉嶺兩千公尺，那時候大家勸我不要去，他們說，我們的信徒到那邊，第一年有人是叫了專機回來的。第二天又有人跟我說，你不要去，有人是打包回來的，意思是往生了的打包回來。我說不行，我要去看一看。他們說十二月下雪，空氣稀薄，冷得不得了。我就想師父的一句話：「冷，就往冷的地方去，熱，就往熱的地方去。」所以在最冷的時候我到了拉達克，確實有短暫的不適應，但我看人家拉達克人，老的、少的、幼的，他們不是一樣生活在這個地方嗎？拉達克很美、很純、很真，他們每一家每一戶都有一個佛龕，他們都捍衛著自己的宗教，讓我非常感動。也遇見一個很有趣的事情，因為我到了那邊呼吸困難，我想萬一我真的往生了怎麼處理？我就問拉達克人他們平常怎麼做？

他們說很簡單，骨灰燒一燒就直接放在塔裡面，那個塔是歷代的，祖父祖母，爸爸媽媽、爺爺奶奶、兄弟姐妹都是同一個坑。我說有骨甕嗎？他們說，灰放進去，骨甕可以留給下一個人。我說這個真好，當然我還是活著回來，三寶有加被。五、六月非常的熱，金奈攝氏四十幾度，熱我也要去，因為只有這一段時間我有空，剛好印度南亞各個佛光會分會協會有幹部培訓，我去了，夏天跳蚤很多，不過我覺得這一趟去對了，看到了人家的辛苦，看到佛光協會的成長，原來通通是印度人了，沒有華人。我跟他們做了一個Workshop，我說在印度如何復興佛教？人間佛教未來在印度怎麼發展？這五十年我們要怎麼做？

大家異口同聲的認為，第一，一定要讓小孩子從小有佛教的教育，所以「三好學堂」推的是時候。第二，要好好的把我們的佛教，不要迷信化，而是很人間化的，傳遍到每一個兒童、青少年，還有學校。第三，要讓人家看見佛教，有關佛教的活動，我們就來辦，不管是禪修、講座都行。但是我知道印度的佛光會員經濟能力有限，我說我們不要誇大，一步一腳印的來做。當然也期待新德里的沙彌快點長大，菩提迦耶的孩子們快點長大，我們自己這一輩子做不完，總有人會接下去，未來印度佛教的人口也會增加。

問：我們聽過你的演講，說現在印度人只剩下百分之零點一一是佛教徒，你覺得佛教復興得起來嗎？

覺誠法師：我到了印度，回去跟師父報告，師父說：「這就是你的責任。」復興佛教是我們的責任，我就在思索，為什麼今天印度的佛教會沒落，主要就是內憂外患。

外患當然是十二世紀，其他的宗教進來之後，燒毀了寺院，燒毀那爛陀大學。內憂是佛教本身僧侶的素質，弘揚方式的問題。因為印度太大了，很多農夫是文盲，你要用怎麼樣的佛法才能讓他們聽得懂。後來婆羅門教再次興旺，把佛陀說成是他們的眾神之一，印度人本身脫離不了根深蒂固種姓觀念，我們辦學的地方，那個附近，村莊的名字就叫「賤民村」。我說不要叫人家賤民，我們改一個名字叫做「希望村」。那些村民聽到替他們改名很高興，所以就有希望村一、希望村二，現在已經到十五個村。他們說叫賤民村的有一百個，代表很多很多，做不完。我說沒關係，有一就有二，有二就有三，那麼這些村裡的小朋友，沒有讀書的，或者有讀書的，下了課，我們給他一個空地，或是很簡單的一個地方，陪他們作功課，給他們輔導，不管是當地的文化、語言、印度文或是數學，再加上三好、五戒，教他們不殺生、不偷盜、不邪淫、不講騙話、不吸毒，我想這五戒人人能守，佛教在印度哪裡會沒有希望呢？我相信只要有願心願力，努力去做，事在人為。

問：從前大師就說，佛教的未來需要青年，馬佛青一直是佛光山很重要的力量，對嗎？

覺誠法師：關於馬來西亞的青年，在我之前，就是佛光山非常受矚目的一個因緣，馬佛青，曾經是萬人千人的組織，我來馬來西亞之後，發覺教育在這麼多的青年裡面還是很重要，乃至到今天，我們仍以教育為主。

我做了幾方面的努力：第一個，就是想到師父已經很久沒有來了，我們是不是要來做一個大型的弘法，讓師父再有因緣來到馬來西亞。所以二〇一二年就在莎亞南體育場做了八萬人弘法大會。之前師父問我：「你真的有辦法招到這麼多人嗎？」我說：「不是我去招，是師父你的《釋迦牟尼佛傳》在馬來亞風行五十年了，我只是把這個訊息發布出去，大家都是仰慕師父而來的。」果然那一天四方八面的人潮，好像倦鳥歸巢，這麼大的一個體育館，坐得滿滿的。起初我們也有點擔憂，因為畢竟在伊斯蘭教國家，穆斯林都沒有這樣的八萬人聚會。當然我們事先有做一些拜訪、安排，場面很讓我感動，當天四萬人皈依，皈依的時候大家都站起來，當然這就留下了一些後續。很多年輕人做義工，我們就把這些年輕人通通集合起來，一次又一次的做培訓，已經培訓好幾年了。

第二個，從回來馬來西亞不久，我們就每一年都辦「愛我青年，攜手同緣」這樣的生活營，可是政府不知道我們在辦，於是我就找了教育部一起聯辦這個活動，就讓中學生的領袖，還有中學佛學會的領袖，我們義務來培訓。教育部看了這個 Proposal，說，好！可以做。所以從第一年開始，由教育部給教育長官廳，教育廳再給各個州的教育局，教育局再給各州的校長、老師們發函，大家收了這封信——教育部認可馬來西亞佛光山辦理青年三好領袖培訓營。信發到學校，開始我們以為會有兩百多人吧，哪知道報名了六百人，六百個人，收與不收，我說這個機會不能放棄，於是就把整個東禪寺開放出來，讓這個生活營來用。想不到第二年、第三年，到現在已經第九年了，每一年一千兩百個學生以上，這裡實在是裝不下這麼多人，我就分兩梯次，一次在六月份，一次在十二月份，而且這個營還可以得到各個州署的教育單位的證書，來參加的青少年，把證書拿去學校，可以在課外活動加分。我想這樣就奠定了我們源源不斷的培訓，將來因緣成熟，他們也可以到南華大學、佛光山大學去繼續進修。

除此之外，我今年又加了一個計畫，就是培訓全國的中學生的老師，甚至以後在高中高考，我希望能夠加上佛學這一門課，讓佛學也列入考試的範疇。我想這種種，是為了讓政府看到，佛教不只沒有對國家造成任何的傷害，反而增加了一股正能量。我常常跟他們說：佛教願意來幫忙學校的教育，把這個責任交給我們，讓我們為國家分擔一些困難，有了這一個培訓營，就會少一座監獄。他們聽一聽，好像有道理，其實我們培養青少年守五戒，哪裡會去作奸犯科？

現在新政府上來，新的教育部長也特別錄製了一段話，贊成支持我們這個活動，所以應該可以繼續走下去。大馬有六百萬的華人，四百萬的佛教徒，兩百萬的青年，我覺得我有任務，讓他們不管是生活、學業、事業，都得到佛法的滋潤和助益。

問：這幾年常看到佛光山東禪寺跟附近社區合作無間的活動訊息，你在社會教育方面，也做得很有成績。

覺誠法師：東禪寺是在一九九六年就啟用了，最早以「東禪佛教學院」為發展重心。東禪寺附近的仁嘉隆村，在六十年代是「新村」，這牽涉一段歷史，當時政府因為怕華人去支持馬共，就讓華人集中在一起居住，全國的華人大概分為六百個地方，就成為「新村」。

居民早上出門，六點以後鬧門一關，裡面的人就不能出來，就要戒嚴，當然村裡就有賭博、販毒，種種習性。當我來的時候，他們就跟我說這個村叫做「黑村」、「毒村」，我說不行，這個名字不好聽，既然佛光山到這裡，師父接受了這個地方，必定有它的因緣，我們就想一想該怎麼辦才好。

於是我先號召了這個村裡面三十幾個社團宮廟的代表，來來來，請大家坐下來，我說：「人家講我們是黑村，又說我們是毒村，怎麼辦？」我就再說了一句：「女兒嫁不出去，兒子娶不到媳婦怎麼辦？因為這個名聲不好。」他們說：「對，這樣不行，要想想辦法。」我就提出建議，我們要讓這個村有書香氣息，有文化氣息，過年東禪寺本來就要辦燈會，大家一起合辦，加一個名字叫做「幸福村」，這個村裡的房子古色古香，又有花園，我們布置一下，做一個美好家園比賽，來拍照。這裡的餐廳飯菜很好吃，我們做一個最美味佳餚的介紹……等等。

結果所有的報章雜誌都來報導，「幸福村」就響遍了整個馬來西亞，大家來到這裡也引以為榮。現在村裡有三十幾個社團、宮廟，很團結，村民有什麼事情，大家都一起幫忙，譬如一個小女孩失蹤了，在村裡面一公告，全村的人都出來找，當然這孩子很快找到了。當村民發現有工廠來到這裡造成汙染，大家就團結起來向政府報告，請求離開這個村子，結果政府也真的採取了行動。所以我覺得佛教是要融入社會服務奉獻的，我在這裡住了十一年，身分證也換成這裡的地址，他們已經完全不把我當外村人了。

在這個地方，其實我們很希望能夠辦一個臨終關懷，甚至醫院，因為人在病痛的時候最無助，我們希望以佛法來提供幫助，當然這就需要一個醫療團隊做為支柱，不是容易的事。不過，當初東禪寺只有兩英畝的土地，現在已經發展到三十畝，應該足夠做很好的規畫。未來五十年東禪寺的發展，它應該是人文薈萃的一個地點，有美術館，有中食館，甚至有兒童教育館，有很好的禪堂靜修，寺院可以讓人家 Homestay，充電後再回去社會，這裡本來就是很好的佛學院的環境，可以讓大家來進修、短期出家。總之，不離教育，不離文化，不離慈善，不離修持，最重要的是培養更多的人才。師父一直說馬來西亞是一個福地，是青年很多的地方，所以師父曾發願，有一輩子要來馬來西亞投胎，感謝師父給我們馬來西亞這麼大的、這麼好的一個因緣。

問：除了很有歷史的東禪寺，在離新加坡很近的大馬新山地區，佛光山又建了新馬寺，這是一個學校化的佛寺，聽說準備了很多年，但有很長的一段時間卡住了，現在才因緣俱足，是嗎？

覺誠法師：人間佛教可以做好多的事情，但我們不能經商做生意，師父常說，宗教事業就是保持一個弘法利生，這個我非常明白。那在教育方面，其實我們也很想在馬來西亞設立佛教中學——以佛法來辦的中學，在新馬寺附近，應該就是我們要實現的目標。

新馬寺最初是一九九四年，新山慈善家郭鶴堯先生因為尊敬星雲大師，決定將五英畝的土地捐給佛光山。當時滿可法師秉持佛光山集文化、教育、慈善和共修的理念，建構新馬寺雛形。但在送件申請使用執照過程中，三次呈件，三次被退回，因為政府說這裡不可以辦寺院。等了很久不能解決，我就把這個問題請示師父，我說：「師父，他們拒絕了，不可以辦寺院。」師父說：「你就問，在這裡可以做什麼。」我說：「可以蓋學校。」「我們也是辦學校，寺院學校化。」師父一句話啟發了我，我就去跟他們說，我們是宗教團體要來辦學校，這裡面是教佛法的。果然批文就下來了。

到當天來檢查的時候，有人好心就跟我說，覺誠法師你最好是躲起來一下下，我心裡面很納悶，這個寺院我們蓋得那麼辛苦，為什麼審查的時候要我躲起來。他說萬一他們看到法師，就會囉哩八嗦的。好吧，我想那個時間我剛好也要到檳城去，就去梳洗準備上飛機。哪曉得我正打開門要出去，一群的官員在我面前出現，原來他們巡視，剛好就巡到那個寮房的門口，不期而遇。這下子怎麼說呢？他就問，Who are you? 我跟他講我是這裡 Abbot，他說 ok，

I want to ask you. What is this temple? 你告訴我，What do these people do here? 這個地方的人是做什麼。我簡單的回答，我說馬來西亞是伊斯蘭教國家，有政府支持的伊斯蘭教學校，學生下課以後，都可以到宗教學校去；我們華人沒有，我們沒有佛教學校，所以有的家長跟我投訴，說他的孩子變壞了，孩子下了課去遛達、去吸毒了，怎麼辦？請我們佛教要出來辦一間我們自己的宗教學校，來教育我們的孩子。我說這個是第一間，我們等了幾十年才這麼一間，希望能夠用佛教的方法來帶領孩子，有了這間學校就是少了一個監獄。

這個官員看著我，that's right，同意你的看法。結果我親自又帶他們巡了一次，他就問我，為什麼要設這個寮房？我說爸爸媽媽要來住，禮拜六、禮拜天有好多的生活營，他們也可以來住。他又問，那你們為什麼有這麼多教室？我說整個柔佛州，整個新山的人口那麼多，我們三十間教室還不夠。那你們為什麼要有這些展覽館？我說要讓孩子和家長家了解歷史。那你們的這一個廳堂為什麼那麼大？哦，大雄寶殿！我說，孩子們去上課，爸爸媽媽也可以來學習，怎樣做一個好爸爸好媽媽，他們可以學打坐，可以聽法師講佛法，所以需要這麼一個大廳堂。好，可以了，他就要回去。我說，等一下，我還有一個地方要你看。什麼地方？我說廚房。他一看嚇了一跳，怎麼你們的鍋、鏟這麼大，要做給多少人吃？我說給六百個人吃，因為我們很注重孩子不殺生、素食，一定要做出最好的素食給他們吃。他說，好好好，這個好。又看我們的菜園，我說你看我們的生活教育，教孩子知道粒粒皆辛苦。

他回去不到兩個禮拜，准證發下來，沒有任何意見，批准這個建築的使用執照。那個時候，我這兩、三年來都沒有掉下的眼淚，那一天掉下來。我心想，謝謝師父給這個因緣，是很辛苦，因為這種苦你說不出來，因為使用執照不批，就卡在那邊，很多護持的信徒也等了十幾二十年了。幸好，柳暗花明又一村，我趕緊跟師父報告這個好消息，但這並不是我的功勞，這是前人就已經規畫好的，是大家集體創作，終於把這件事做成了。

當然在蓋的時候，我也提供了一些構思，譬如，佛光山蓋了五十年，終於有了佛陀紀念館，有了音樂廳大覺堂；新馬寺蓋了二十年才完成，也希望有一個大空間做為音樂廳大覺堂，可以容納六百個人，一起來同霑法益。另外有宗史館、「一筆字」館，讓大馬信眾了解人間佛教的本源。圖書館、3D互動兒童館，特別考慮了孩子的需求，因為「寺院學校化」，很多小朋友一到這裡，第一件事情就跑到圖書館去，我覺得這就令人欣慰。所以它是寺院，是學校，也是樂園。我們的使命，就是藉此讓人間佛教走進大家的生活，安住法身慧命，帶來幸福人生。

問：

你同時兼管星馬泰印地區的佛光山道場，區域那麼大，兼顧得過來嗎？

覺誠法師：佛光山是由制度領導的一個僧團，我們有共事的會議，所以重大的事情，不是我一個人決定的，星馬泰印教區的主管住持會議、聯席會議，大概兩、三個月就會聯辦一次，這幾個國家的住持主管一定要來開會，大家有什麼目標方向，常住交代下來的任務、使命，我們要怎麼把它落實，所以在我們星馬泰印這一個團隊裡面，大家有共識，團結一致，這是一個。

其次，寺院裡面的僧團，每個月也都要相見一次，所謂的相見就是這個區域的通通回來，大家要討論這個月、下個月、後個月要做的事情，常住交代的事有沒有落實，各位的修行怎麼樣，大家一起來討論，有什麼意見或決定，在會議上做最高的決策，不是我。所以這個共識會議，是建立團結、同心同力的一個很重要的機制。再其次，寺院裡各小組自己也要每天開會，有什麼困難，要怎麼解決，就在會議當下解決掉。所以按部就班，各在其位，我這個總住持其實也沒有太大的困難，因為各州的主管，已經把事情都各州整理好、管理好；各道場寺院也依佛光山的組織章程，日常的機制，就照例的做下來。我最重要的任務是替別人解決問題，有什麼困難，讓我來替你想辦法，能力不足我請大家一起來幫你解決。我想做事情不要只有管理，而必須要領導，讓人覺得你公平公正。追隨師父的智慧，明白師父給我們的使命，譬如尋找佛教人才，讓更多人看見人間佛教，這個大方向是永遠要更加努力的。

問：你覺得佛光山未來五十年的路怎麼走？

覺誠法師：師父早已經方方面面都規畫好了，不過近些年他有提到，不要那麼擴大自己，我們低調做就好。我想不要擴大指得是不需要這個地方再去蓋一個寺院，那個地方再開一個佛堂，而是要做得更扎實、更有重點、更精華、更著重傳承信仰的去弘揚人間佛教。今後若要擴大，是擴大什麼？佛教人口要增加，佛光山的信徒、佛光會的會員要增加，人間佛教的信仰要更普遍，要善用現在的新媒體，善用新知識，善用般若智慧來傳承。我們的法師要更有智慧，要更慈悲，要更懂得人間佛教，而且要更團結。

師父對未來最強調的是團結，佛光事業已經遍布全世界，我們更要體認共識、共生、共榮、同心、同願、同力，朝著這個方向走，以制度領導，非佛不作，集體創作，唯法所依，我相信這一條路絕對可以走得長，不要說五十年，一百年、兩百年、五百年，都應該沒有問題。我們當然也祈求佛陀加被，但我們更要說：佛陀，請放心，我們會努力的。師父，請放心，我們會努力的，您給我們的方向，給我們的目標，要光大佛教、要復興佛教、要人間佛教，我們去盡力而為，盡自己的生命，為眾生、為佛教。

二〇一八年六月採訪整理

有佛法就有辦法
——妙士法師

大陸宜興大覺寺都監。

大師說：「我幾十年前從這裡把這條法根傳到台灣，再從台灣傳遍全世界，今天我有責任把這條法根再傳回中國。」大陸的領導們見到大師都會說一句話：「大師，我讀過你的書。」有的還會說出在哪一本書裡讀到的哪一句話，對他的人生有很大的啟發。

問：大師是一九四九年帶領「僧侶救護隊」渡海來台，一九八九年大陸改革開放，大師率團弘法探親，又過了十年，你是第一位被派到大陸的佛光山弟子，請談談當時的經驗。

妙士法師：一九八九年大陸走向改革開放，但轉變需要一定的時間，所以到一九九九年，大師詢問：「誰願意到大陸啊？」做為佛光山的弟子，本來就有責任，常住派你到哪裡就到哪裡，去大陸，我倒是自我舉薦的。那時候我喜歡看《大陸尋奇》電視節目，覺得好山好水好風光，去那裡應該不錯。大師滿我願，說：「好啊，你去啊。」沒想到一待就待了十幾年。

問：聽說你在上海為了交通和載運方便，開一個貨車得利卡。剛到大陸跟原先想像有差距嗎？

妙士法師：最開始就是先到上海，一個人伴著一隻流浪狗，住在火車站前的小公寓。當時兩岸的交流還很少，我在路上只要聽到說話的口音像台灣人，就趕快過去用台語打招呼，逐漸結識了一些台商太太，後來在上海成立了辦事處。那時候像我這樣的出家人身分，大家確實還有點陌生，我去買東西或走在路上，被當成熊貓看待，大家覺得好奇，一個比丘尼住在大上海這麼繁華的都市，也去市場買菜，還會開卡車，出家人不是應該住在山林裡面修行嗎？當時還是這種刻板印象。大師同意我赴大陸的時候，只吩咐一句話：「一切行事作風要低調。」所以最初也不會大張旗鼓去做什麼事，大陸對宗教的活動基本上是比較敏感的。後來大師能夠重建祖庭大覺寺，其實也就是機緣成熟、環境改變了。

問：重建大覺寺，是怎麼樣的一個機緣轉換，你又是用什麼樣的使命感去執行？

妙士法師：若講使命，我是沒這麼了不起啦！不過很多人會問我這個「窗口」，佛光山為什麼要建大覺寺？其實就是緣於一九八九年大師回到家鄉江蘇宜興禮祖，尋覓到元上鄉白塔山大覺寺，大師看到當年他出家的祖庭，片瓦無存，只剩下幾塊破損的石碑，相當感嘆，就有了復興祖庭的心願。二〇〇三年，大師再到大陸，遇見了江蘇省宗教局局長翁振進，談起了大覺寺，翁局長說：「那你就來恢復祖庭啊！」

二〇〇五年，大覺寺展開重建籌備工作，山上派了懂規畫建築的慧是法師、慧倫法師到宜興，十月奠基開工後，佛光山長老法師和師姑們，也會來探勘指導。二〇〇七年完成了第一期工程的基本建設，我就從上海調到這邊，只帶了一位法師過來，幸好已經有不少義工來幫忙。這邊建寺也等於開山一樣，開闢五座荒山，那時交通還不方便，進駐的工人加上義工，每天要供應一百多人的伙食，實在很擔心供不起。有一次我請示師父，為什麼要建得那麼大，要怎麼做下去？大師說：「我幾十年前從這裡把這條法根傳到台灣，再從台灣傳遍全世界，今天我有責任把這條法根再傳回中國。要有信心，有佛法就有辦法。」果然大覺寺後來度了不少大陸青年皈依大師出家，目前有將近四十位法師，來自二十二個省份，有幾位是「海歸」留學生，加起來會講六國語言。有人才加入，同心合力，事情就能辦得通就能開展了。

問：在大陸做事，當地的領導的支持應該很重要吧？

妙士法師：大陸的領導們真的很支持，他們從上到下，見到大師都會說一句話：「大師，我讀過你的書。」有的還會說出在哪一本書裡讀到的哪一句話，對他的人生有很大的啟發。尤其本地的領導，知道大覺寺沒有在收門票，就主動送米、送油、送物資過來，怕我們餓著，他們常有一句口號：「我們為人民服務」，認為出家人也是「人民」，所以他們也為我們服務，真的很感謝。

不只是領導，這裡支持我們的還有很多熱情的義工，他們之中有些人本身就是中小企業主，過去就支持「志願者」制度，他們除了做事奉獻時間之外，也很願意從寺廟學習不同的人生哲學，「為了一份歡喜」。也有住在附近的義工，工程建設期間更是多虧他們經常來幫忙

大師幾年前就交代我們這些弟子，不管是對領導，對義工，對信眾，都要抱持一份尊重。我常常會在見面互動時，問問他們大覺寺在這裡會不會有任何干擾？他們說完全不會，也相信有一座寺廟在這個地方，等於佛祖庇蔭整個宜興市。當地的領導還說，宜興市的第一張名牌是紫砂壺，第二張名牌就是大覺寺。

問：大覺寺興建以後，這邊的環境改變很多，聽說對交通、經濟，都有很正面的影響。

妙士法師：這裡位於宜興西渚鎮，近山林，原本就建了一個水庫叫橫山水庫，以前地處偏遠，交通不便，雖然風景優美，來的人卻不多。大師在這邊重建白塔山大覺寺祖庭，對地方繁榮很有幫助。大約七八年前，本地的書記領導，感念大師的貢獻，有一天跟大師說：「您的名字可不可以讓我用，我們想把橫山水庫改名叫做星雲湖。」大師說：「萬萬不可，我不能居功。」結果兩個人僵持了將近一年，書記領導就想出一個折衷辦法，他說：「大師，您的名字不借我，那借一個字行不行？就叫雲湖吧！」大師承對方好意，不忍再堅拒，就說：「隨你歡喜吧！」所以後來這裡就有了雲湖路，雲湖景區，雲湖賓館，以前圍繞著橫山水庫的這一片地區，就叫做雲湖，山光水色真的很美。

問：大覺寺從建設期間，就不斷舉辦各種課程和文化活動，也特別強調它與大陸傳統的寺廟不同，大師對重建的祖庭有特別的定位和期望？

妙士法師：大陸的信眾對佛教寺廟的認識相對比較傳統，大覺寺不走傳統佛教「神祕化」的路子，而以「人間佛教」佛學精神融入生活而建立。大師早年就不以經懺為主，佛光山開山是以辦教育起家，大覺寺也是如此，從二〇〇五年到現在，我們一直在辦培訓班，就是希望培養佛教青年加入行列。另外還有一個政府認可的書院開了課程，讓人們走進大覺寺，能夠了解「人間佛教」說的是什麼，所以除了僧才的教育，我們還做信眾的教育，義工的教育，遊客的教育。另外，大師對於大覺寺的定位，除了寺院的功能，也必須肩負做兩岸的橋樑，譬如這幾年我們辦了兩岸音樂會，素食博覽會，大師的「一筆字」展覽，兩岸文化演藝人士的交流……等等，大師的心願是希望兩岸的人民和平相處，文化的交流有助於兩岸的了解與和平。

問： 聽說有一次在揚州，你見到當時的國家主席江澤民先生，他跟你有一段有趣的對話流傳甚廣，是嗎？

妙士法師： 見江主席的前一天，很多人問我會不會緊張？我說：「為什麼要緊張？」他們說：「是要見國家領導人耶！」我說：「國家領導人也是人，也是未來佛。」當天去，現場有幾位比丘，比丘尼只有我一個，江主席就問我：「你這麼年輕，為什麼要出家？」我就說：「主席，您選擇改變中國，我選擇改變自己。」大概那陣子我剛好知道有一本新書叫《他改變了中國：江澤民傳》，就脫口而出吧。這句話講完以後，江主席頓了一下，他可能沒想到有人會這麼回答。本來他只預定停幾分鐘，後來就滿健談的，跟我講英文，講日文，又跟我講俄羅斯文，興致一起提筆揮毫，講了一個多小時，旁邊的幕僚催著要趕快走。其實就是一個小插曲罷了。在出家人心中，一切眾生我們視之如佛，就沒有什麼好緊張、好懼怕的。

問：那你是什麼樣的因緣選擇在佛光山出家，而且年紀輕輕就做了很多事？

妙士法師：我三歲就進出寺廟，因為我的曾曾祖父是出家人，姑姑也是出家人，叫我在他們的寺廟出家，我不肯。傳統寺廟青燈古佛，做做佛事，感覺是老人的寺廟，我不喜歡。直到十七歲那年，我去高雄佛光山，發現佛教原來這麼好玩，可以看花燈，可以唱歌，還有好吃的素食，很有活力，給人一種希望，這樣我才去出家的。

我來上海之前，大師讓我到西來大學念書，還兼任了西來大學的當家，和西來小學的校長，大師很敢啟用完全沒經驗的年輕人，給我們學習的機會。譬如來宜興之前，我也沒學過建築，大師把我派到這裡，我就邊做邊學，認真做就是了。我也不會擔憂害怕，其實整個大覺寺的規畫，大師心中有一張藍圖，他每次來都跟我詳細的講，你這邊要怎麼蓋，那邊要怎麼蓋，我真的不會蓋房子，但是大師一步一步教，長老們來也會提點，我慢慢學，聽從大師跟長老的指示，他們怎麼說我就怎麼蓋，要是有什麼問題，還有他們做靠山。

問：聽說你會講好幾種方言，對於在這邊弘法、做事有幫助嗎？

妙士法師：大陸很大，不要說參訪者來自五湖四海，就是法師也來自各個地方，偶爾他們會跟我講地方方言，我也學一學。我待在上海好幾年，上海話多少能說一點，大師提倡國際化之後的本土化，從學習語言開始，就能拉近人間佛教跟各個地方的距離，我講你們的話，你講我們的話，人很快熟起來。這裡現在也學台語，人人會講「呷哺，吃飯囉」。

問：這邊的領導講話，也會說些佛言佛語，是受到佛光山的影響嗎？

妙士法師：是啊，他們很喜歡看大師的書，大師的著作在這裡流傳很廣。還有他的「一筆字」深受歡迎，寫的也是佛言法語。尤其現在的國家領導人習主席，竟把大師的《百年佛緣》讀完了，我覺得很了不起。很多領導喜歡大師的字，因為大師有一句話：「不要看我的字，看我的心。」所以領導們對大師的字，都喜歡解讀，他們能看到大師的心。有時候會私下問我：「哪裡可以求到大師的字？」

問：大師近年常到大覺寺，回到祖庭心情特別歡喜嗎？

妙士法師：大師在兩岸之間走動，其實主要是為了促進兩岸和平，這應該就是他最後的悲願。大師有一番話，我真的很感動，他說：「我從戰亂之中走出來，看過血流成河的畫面，我不願意兩岸人民再有戰爭，我不願意兩岸人民同為中國的同胞再次互相殘殺，這是很痛苦的。」所以他願意以老病之軀，做兩岸的工作，希望兩岸要和平相處。

問：大師常講佛光山是「集體創作」，大覺寺的園區基地有兩千畝，目前還在繼續蓋，你覺得未來會有什麼樣的發展？

妙士法師：有關大覺寺的主題今天採訪我，我覺得不好意思，因為這完全是大師帶領佛光山的團隊，每個人都盡了一份力量。大覺寺做為佛光山僧眾的祖庭，是有傳承的、極為特殊的寺院，各方面的制度，譬如僧人的管理、僧團的管理、寺院的管理，我們希望做到一個起頭的作用，把「人間佛教」傳到全中國各地。至於未來的計畫和發展，會依照國家的政策，我們一切隨緣，必恪盡本分，絕不愧對佛祖。

二〇一九年五月採訪整理

善用集體創作新平台

——如常法師

佛光山佛陀紀念館館長。

我不明白師父為什麼認為，我的出家之路會走不下去？有一天他說：「我送你十二個字，你要每天反覆去想，而且這麼做。」我說：「好。」師父就說：「十二個字，做做做，苦苦苦，等等等，忍忍忍。」

問：你是大師弟子中承擔重任的中青代法師之一，最初是怎麼結的佛緣？

如常法師：我認識佛光山的因緣，應該就是家裡住山下，台灣有一句話叫做「近廟欺神」，在幾十年前，山下的居民幾乎不上佛光山，那時候包含我，因為整個山下的人對山上有很深的一種很複雜情結。三十年前，我十五歲，在高雄普賢寺學佛，之後就很想回到佛光山來讀叢林學院，乃至來做一個出家人。但是那時候我年紀還小，所以大師就跟我講：「你太小了，我們又是左右鄰居，你上來，你父母會告我誘拐未成年少女。」我一聽覺得好像滿嚴重的，就問師父：「那我什麼時候才可以跟你出家？」他說：「等你讀完書。」所以我就在讀完書之後又上山來，大師說：「你還是不能夠做為我的弟子。」我說：「為什麼？好多人都要出家？」大師說：「不是因為你，而是因為你住在大樹鄉，所以希望你的父母親能夠同意，你要拿到同意證明書。」

那時候是一九九五年，台灣曾經掀起一波大學生出家的熱點新聞，大師在一九九五年從美國趕回來，就為了我們這一波想跨進佛門的學生。我就想，我這時候還沒出家，已經過了十幾年了，我必須把握機會，所以就用了很多的方法，跟父母親騙到一張同意書，我就在二十幾年前出了家。

問：佛光山整個的建設，在藝術這個部分是比較晚開始的，大師是因為等待人才、等待時機？

如常法師：佛光山弘揚人間佛教，四大宗旨之一是「以文化弘揚佛法」，所以佛光山很早就成立了佛教的第一間博物館，這個博物館以前叫做「佛教文物陳列館」，大師取「陳列」兩個字，就象徵它不是美術館，也不是博物館，它只是把東西陳列出來。

到了一九九一年，大師在台北成立了「佛光緣美術館」，這個美術館就開始有了典藏、研究、教育、展示的社會功能，不過那時候剛起步，還沒有引起很大的社會迴響跟影響力。二〇〇三年，大師又把我送出去讀書，當我讀完藝術研究所回來的時候，大師就希望在佛教藝術上大大的發揮，當時交給我海內外有九個佛光緣美術館，分別在美國西來寺、澳洲南天寺、馬來西亞，以及台灣有六個美術館。從那時到現在短短的十幾年，我們海內外增加到二十五個美術館，是宗教界乃至文化界，唯一用連鎖的美術館接引藝術家、文化人的一個平台。那最重要的是在二〇一〇年，規模宏大的佛陀紀念館蓄勢待發，大師醞釀了二、三十年的藝術文化人脈，在文化界、藝術界都有很好的朋友，從張大千到李奇茂，從中國大陸的博物館館長到世界各國的美術館館長，佛陀紀念館的落成啟用，開始產生非常巨大的文化弘揚佛法的影響力。

問：佛陀紀念館整個的策畫、執行，一直到蓋起來啟用，你都在其中承擔了很大的重任，這個幾乎是再度開山的規模，非常艱困吧。

如常法師：一九九八年，大師獲得了佛牙舍利，因為捐贈佛牙的貢噶多傑仁波切說：「佛牙舍利很小，但是希望它住的地方很大。」大師不忘承諾，覺得這是人類共同文化的資產，應該要蓋一個佛陀紀念館，我想這是師父一輩子歷經最辛苦的十三年，在這十三年中，他從眼睛看得到，到眼睛逐漸看不到，他從能行走，到必須坐著輪椅巡工地。最初，是去看能夠建佛陀紀念館的地，尋尋覓覓，全台灣走遍，找地就找了五、六年。天緣湊巧，後來竟然能夠確定在佛光山的旁邊興建，這時候內部又有很多的聲音，那聲音來自於三個方面。一個部分，就是大師要再蓋一個佛陀紀念館，等於開一個佛光山，我們沒有人，佛光山一千三百個弟子，海內外三百多所道場，到現在發展太快了，我們沒有人。第二個呢，很多法師就跟大師說：「師父，我們沒有錢，蓋一個博物館、蓋一個文教載體，一百公頃的開發，我們沒有錢。」第三，很多人，包括信徒也跟大師講：「大師，台灣現在有很多蚊子館，海內外也有很多蚊子館，你蓋了這麼大，未來的佛陀紀念館變成蚊子館，佛陀紀念館會變成佛光山很沉重的負擔。」大師簡直是三明治，從內部聲音的反對，到外面部分信徒的反對，甚至社會的輿論，大師承受非常大的壓力，仍毅然決然的堅決要蓋，但是師父希望我們這中青代能夠承擔起來，所以就讓宗委會來執行這個案子。

很慚愧，經過了八年，佛陀紀念館的主體建築連一層樓都看不到，很多人來問大師，譬如當時的楊秋興縣長，他說：「我的任期已經快要結束了，佛陀紀念館還沒能落成。」張姚宏影女士，是捐贈佛陀紀念館的人，她問師父：「在我有生之年，可以看到佛陀紀念館嗎？」震旦集團董事長陳永泰的夫人陳白玉葉，她說：「我有一批地宮文物，是要捐給佛陀紀念館，我怕我等不及，就先捐給星雲大師好了。」四面八方全世界來的壓力在大師身上。

第八年過後，當他重返工地，已經坐在輪椅上了。他用著輪椅拄著拐杖，憑著八年前對這一塊地的認識跟了解，他開始規畫，之後呢，他給了一個承諾，要在重新啟動兩年內蓋完一百公頃的佛陀紀念館。

當時的星雲大師是八十五歲，我還記得有一天凌晨一兩點，我們從工地出來，當時工地已經都是連夜趕工，突然間看到一部車，車子上拿下了輪椅，原來是師父睡不著覺，在凌晨，叫弟子拿著車燈照工地，他在構思著八塔的位置跟尺寸大小。我們遠遠的很震驚，因為一片漆黑，塵土飛揚，什麼都看不到，只有兩個車燈，徒弟推著他的輪椅，他說：「往前走，量一下這邊有多長。」他就這樣子把八塔量了。隔天早上他把我叫過去，說：「你去幫我買紅色的尼龍繩和竹竿回來。」我問師父要買多少，他說：「八個塔，一個塔要六根，八六四十八，你買四十八根以上，順便去買汽球。」前一天晚上師父凌晨的規畫，隔天我們趕快把八個塔插滿了竹竿，圍起來放了汽球。大師又叫弟子來照相，八塔的高度跟本館的高度，我突然間看到現代的建築，原來是這麼蓋的，我心想這樣的竹竿跟尼龍繩怎麼蓋出八塔，絕對不可能。中午師父就叫了工地的建築系的同學，來幫他畫平面圖跟立面圖，師父很精準的講，從這裡到這裡，基座一百八十坪，基座到塔頂七層樓，逐層內縮，中央是電梯，四周呢，全部是黃屋頂跟黃砂岩，窗戶每一面是兩扇，中間有一個門。清清楚楚的講完他的設計概念，八塔就這麼蓋出來。在這個過程中，總是有一些閒雜人等會來工地，一下這個專家說，佛陀紀念館前面應該挖個大水池，南部很熱；一下子哪個人來講，大佛太具象了，應該做一個抽象的大佛，像自由女神那樣；一下子信徒來跟他講，大師你要做什麼做什麼……，我看到師父幾乎講了一千遍以上，他現在怎麼在做佛陀紀念館，每一次因為不同的人講不同的理念跟想法，那個過程中，我看到甚深的禪定、精進，還有他的平等，他是這麼耐煩，一遍又一遍的講。如果是我，我就覺得已經忙不過來了，你不要再來煩我，我現在工地很忙⋯⋯，大師沒有。

那個過程裡面，讓我最感動的是他的輪椅。

我們用眼睛目測，建築師是拿著皮尺、測量器，大師呢，是用他的輪椅去測量，去矯正佛陀紀念館的無障礙空間。我很驚訝，原來檢討圖面不是在辦公室，而是在工地，我第一次學到什麼叫做檢討建築的圖面。師父說：「我希望所有的人到佛館，都是可以推著輪椅，都是無障礙空間。」在全球博物館界，都在講無障礙空間的參觀環境、友善環境，直到陪師父用輪椅去巡視工地，我才意識到，什麼叫做友善空間。大師的無障礙空間很妙，他只要發現弟子說：「師父，我要抬你一下，因為這裡有階梯。」我們把他抬起來，師父就會說：「這個地方做錯了，你們的圖面沒有檢討到，十五公分的階梯，寬三米，旁邊應該再留一米五做無障礙空間。」就趕快把工地主任叫來，馬上修正圖面。不只是戶外，他自己去巡視佛館的七百七十七間廁所，我那時候才嚇一跳，原來，他要知道一個門推進去能不能出來。只要有走不到的地方，走不進去的地方，他馬上修改。所以我在那個建築的過程裡面，看到了「慈悲」，是大師用輪椅做度量衡的這個精神。

現在很多行動不方便的人士來佛館，我們一年借出去上萬人次的輪椅，師父說不用押證件，因為推輪椅的人已經不方便了，還要跟你辦手續，走的時候把老人家放在車子上再還輪椅，更增不便。所以佛館到處都可以還輪椅，這就是師父的一個政策。我想也是全世界最成功的無障礙空間的博物館。

問：有各地的美術館，加上佛館的落成，在以藝術推動文化及佛法上跨了大步。這幾年大師的書法藝術「一筆字」，也像奇蹟一樣的擴展開來，尤其在大陸非常有影響力。請談談大師的「一筆字」因緣？

如常法師：我們現在都在談品牌文化，大師的「一筆字」，我想也是一個非常重要的文化品牌。我本身是學博物館專業，在博物館管理裡面，要找到一個文化，才能夠來做研究跟展覽。星雲大師的「一筆字」，是一個偶然，但是在這個偶然之下變成一個必然，而且變成弘法很重要的有利的載體。

二〇〇五年，我做佛光緣美術館館長的時候一直想，以文化弘揚佛法，到底是怎麼樣能夠有影響力，能夠具國際性？有一回，當時的馬來西亞佛光山住持慧顯法師問我說，他想在國家畫廊展出星雲大師的作品可以嗎？我說師父的作品能夠進入美術館跟博物館的，不是書籍，書籍必須到文學館去展，因為博物館有分科分類，如果以繪畫、雕塑、書法、音樂、戲劇、舞蹈、電影來說，師父只有書法是可以進到博物館界。他就說他要做，我說做當然很好，但是會有一些困難。第一個，師父不是書法家，博物館界不會承認他，美術界也不會承認他。第二個，師父沒有時間寫書法，他不像弘一大師寫過《金剛經》，也不像古代的書畫名家能夠寫很好的書法字，他沒有長篇大幅的，他都是寫Ａ４大小的紙，在美學的疆域裡做一個這樣的展覽，我覺得很困難。

慧顯法師說，反正我不管，你是美術館的館長，你去想辦法。我就跟大師說：「師父，我們要在馬來西亞國家畫廊，幫你做一個『覺有情』的書法展。」師父一聽就說：「不可能，我沒有字，我寫完就送人了。」我說：「沒關係，師父你就先授權給我做。」我想，沒有字，就先去想辦法收集師父的字。我們講美術史就是斷代史，師父到底是從哪一年開始寫書法，我要找到那一張。結果找到一九五二年大師在宜蘭寫的字：南無阿彌陀佛。後來我就陸續徵集到非常多師父的字。在策展時我又想到，書法的豐富性可以延伸到陶瓷，在陶瓷上放入師父的書法，也可以延伸到竹雕，像清代的一些文人，都把書法放在竹子上。

為了增加大師書法的豐富性，我們去做了竹雕，又做了一本畫冊，然後翻譯好，去找了台灣有名望的傅申教授，他是故宮博物院的書法評鑑委員，請他寫一篇序，以藝術觀點評鑑大師的書法。傅申教授在序裡點出一個很重要的思維，他認為，大師的字無筆無鋒，但是他不像弘一大師，可以日夜寫經弘法，大師在繁忙的工作中，他的書法最大的特點是一般出家人沒有的，叫做「內容」，內容是大師自己想的，像「三好四給」、「有你真好」、「給人歡喜」、「吉星高照」、「心好人美」……等等，人家拿到星雲大師的書法，就是祈福、祝願，那大師的價值就高於藝術家的價值了。這無疑給了大師的書法一個獨特的定位。

從那之後，我就開始接洽美國柏克萊大學，接洽紐約，接洽歐洲，為大師策展。為什麼都找國外？因為我知道中國書法家很多，台灣書法家也很多，而藝術作品在西方人眼裡，就是很漂亮的一個構圖，書法這個載體對他們來講是非常迷人，所以從西方開始做展覽，掀起了一陣高峰。這個高峰還得感謝佛光山的信徒，很多人看到師父的展覽，就說：「師父，我要贊助你的西來大學。」師父就表示：「好，我剛好在西來大學展我的書法，這幅字就送給你。」

到柏克萊大學展，又有信徒講：「師父，我好喜歡你的這一幅字，我可不可以請回去。」師父說：「可以給你，那你贊助西來大學。」那時候就很巧妙的用一幅字，開始興建學校。到了巴西，到了非洲，也是一樣，只要當地有人喜歡師父的字，就拿來做為當地建校的贊助基金。

有一天，師父就跟我講：「我不會寫字，但是被你逼得都要寫字，這樣子好了，我來寫字，我在大陸建祖庭大覺寺，還有天隆寺，國內的佛光大學、南華大學，都陸陸續續需要經費，既然有這麼多人喜歡我的字，那我們就來辦展覽。」那時我就楞住了：「師父，你確定你要到中國大陸展覽？」他說：「對。」我說：「師父，但是大陸的書法家很多，如果你要去展覽呢，你要有心理準備。」師父就問我三個問題，他說：「我寫的字，人家會怎麼說？」「師父，人家會說，這個字不是你寫的。」「還有呢？」「還有人家會覺得，你又不是藝術家，你幹嘛在各個博物館展，那人家很多藝術界的人，可能會對你有所批評。」師父又問：「那我的字還有什麼缺點？」我說：「師父的字，做為徒弟的不敢說，但你的字是有一個自己的特殊風格。問題是，你沒有寫對聯，沒有寫四條品，更沒有像弘一大師寫《金剛經》、《心經》，而且你沒有辦法有很大的作品，所以我在辦展覽的時候很困難。」大師就說：「那我來負責寫字，你負責去幫我找展覽的點。」其實我們都知道中國大陸最有名的，就是各個省的美術館，我從中國十大博物館著手，陸續聯絡了北京國家美術館、南京博物院，以及江蘇、河南、河北省的博物館，貝聿銘蓋的蘇州博物館，最遠到哈爾濱的博物館。

當我真正要啟動巡迴展的時候，我很驚訝在短短的半年，師父寫了很多的對聯，甚至是四條品，還有《般若波羅蜜多心經》，甚至他人間佛教的思想……等等。最不可思議的是，他坐在輪椅上，要寫全開的紙，紙這麼大，毛筆這麼粗，他要寫斗大的字，他在眼睛愈來愈看不清，筆愈握愈大的情況下，寫出來的大字蒼勁有力，充滿意想不到的拙趣與美。所以佛光山在大師八十八、八十九歲的時候，竟然意外得到了非常大量的書法作品，而且都是精品、極品。我非常興奮的帶著這些字到北京，拿給完全內行的美術館館長跟文化部的副部長看，他們就問我一句話：「這些真的是星雲大師寫的嗎？」我說：「是的，部長。如果不相信是星雲大師寫的，我們可以做一個試驗，每一場展覽星雲大師到現場的開幕式，我們請他當眾揮毫，就可以比對。」回來之後我跟師父講：「師父，很多人還是不相信字是你寫的。」師父說：「那我們來拍一段紀錄片好了。」我說：「師父，最好的辦法是當眾揮毫。」

後來師父又跟我探討了一件事，他說：「我展覽書法不是為了我自己，也不是為了想當書法家、藝術家，更不是為了要成名，我在宗教界、在教育界，已經很有名望了，我不是為了這些。」大師就問我，近代知名的書法作品，現在在拍賣市場上值多少錢？我告訴大師，以近代來說，清代的何紹基，寫的字非常好，曾國藩，寫的字非常好，但在這十年台灣的書法拍賣市場，一幅字最高不超過二十萬。師父就說，書法字的價值這麼低？我說除非是唐代的，顏真卿、黃庭堅，那當然都是無價之寶，但是近代的，大概就是這個價錢。他說有比這個價錢更高的？我說有，弘一大師，最高到兩、三百萬台幣，就一副對聯。大師說，那他知道了。

有一天，大師就跟我講，他不要用之前展覽的題目「覺有情」。想了兩天後他告訴我，從中國大陸二〇〇五年的展覽，就用「一筆字」。我說，師父，「一筆字」書法展？他說對，就是「一筆字」。我說，人家聽不懂，然後也不曉得「一筆字」跟書法有什麼關係。大師說，就是因為人家聽不懂，可以解釋「一筆字」是我眼睛看不到、手不能正常的寫，所以我要這個題目。那個當下我很震撼，因為在整個的策展過程中，最重要的就是命題，由命題裡面，讓人家想到問題，從問題裡面，讓人家引發思考，是一個展覽成功很重要的因素。師父的命題，真的就讓人家聯想問題，由問題裡面來找到答案。

「一筆字」書法展，二〇〇五年在中國美術館就開始得轟轟烈烈，當年度做了十三個省份，二〇〇六年又做了十三個省份，最南到海南島，最遠到內蒙古，最東到山東，然後從廣東再到湖南、湖北，就在三年內，跑了整個大陸將近四十個省份，而且效果出奇的好。

那跑完一圈的效益到底是什麼呢？現在看整個大陸的藝術市場，指標就是看有沒有出現仿的假作品，比如弘一大師仿的假作品就很多，現在仿星雲大師的假作品也很多，就代表作品有一定的名氣，有一定的市場。所以現在全中國大陸的寺廟要重建，就想要星雲大師提大雄寶殿的匾，提寺廟的名字；所有的塔要修復，就想請師父賜墨寶。但是大師告訴我，他一輩子什麼都能寫，只有一個東西不能寫，就是招牌不能寫，他不幫人家寫招牌。為寺廟寫可以，為學校寫也可以，只要是公益的、文教的全部送，個人的、私人的招牌，大師說他不寫。所以這幾年，很多寺廟也紛紛請求大師的「一筆字」，那這個「一筆字」又拓展出什麼？協助了南華大學蓋校舍，協助了西來大學的辦學資金，協助了西來寺，協助了大覺寺的興建，協助了天隆寺，更資助了巴西的如來寺，以及大師在印度的弘法。現在總共加起來，全世界辦了三百多場展覽，已經超過五百萬人觀賞大師的「一筆字」，跟大師一起做公益信託的，已經有數千人，產生了非常大的文化影響力。

問：所有「一筆字」的流通收藏，都是美術館這邊統籌嗎？

如常法師：不見得所有的「一筆字」都是從我這裡出去的，佛陀紀念館的六度塔，有一個公益信託，那是大師捐出他的收入直接放在台灣銀行做公益信託，用以幫助學校的「好苗子計畫」。有的收入來自大陸信徒，大師有一個性格，他在哪裡弘法，當地產生的經濟效益，他一塊錢都不放進口袋，馬上捐給當地的政府或是當地的學校，他在南京辦展覽，很多人收藏作品，大師並沒有把錢帶回來，而是幫南京大學蓋了一棟研究大樓「中華文化研究」，要花三千萬人民幣，大師心心念念還是用各種方式弘揚人間佛教。

問：「一筆字」的成功，大師賦予你更重的責任，人間佛教在文化、藝術的教育或創新上，未來如何發展？

如常法師：我記得「遠見天下文化」在去年曾經訪問星雲大師，談到佛光山的未來五十年怎麼走下去。大師說人間佛教必須更精緻化，從體育上、從藝術上、從文化上、從教育上，更精緻的弘法。這一段話我在這兩年不斷的思維，什麼叫做人間佛教更精緻化？我們都知道在整個中華文化版塊裡面，佛教文化是不可以或缺的，那佛教文化是什麼？佛教文化現在留下來的是佛教的建築，從莫高窟到雲崗石窟，從布達拉宮到樂山大佛等等，都是世界文化遺產。第二個部分是文學，第三個部分是藝術，三大板塊撐起整個佛教源遠流長的歷史發展。很巧的，星雲大師在建築上很強，在文學上很強。這五十年來，星雲大師的文學寫在哪裡？如果到佛陀紀念館，乃至佛光山的各個分院，會看見他寫在書籍裡，寫在讀書會裡，寫在歌唱裡，寫在佛陀紀念館所有的碑牆上。這是因為星雲大師有別於一般的老和尚，以及一般的弘法方式，他重視文學。第二個，他很重視建築，從佛陀紀念館到佛光山，到宜興大覺寺，到南非的南華寺，到美國的西來寺，他把中國建築的黃屋頂，乃至亭台樓閣，巧妙的保存下來。所以我一直在想，佛光山的文化未來怎麼走？當大家都在談數位化的時候，我們能做什麼？

去年跟大英圖書館簽了三年合作協議，有計畫的把星雲大師所有的手稿，所有的書法，所有的出版，所有的藏經數位化，典藏一份在英國，透過現在的技術做檢索，使各種資源能快速而充分的應用。我們這一代是承先啟後的一代，前人把內容做出來，我們把內容運用科技再精緻化，若說超越呢，以我自己來講並不是超越，因為大師已經把整個佛光山的藏經，以及他自己的思想內容做得很好，所以我們才有可能在這個內容基礎上，用科技來發揮。然後很重要的，還是大師的本懷，培養人才。外界都說佛光山人才很多，但是大師在這十年，幾乎一直在嘴邊告訴我們，佛光山人才不夠。所以發展過程中，一直在尋找人才，培養人才。很多的文化事業打破界線，大師希望由在家眾跟出家眾一起合作。最早，就是《人間福報》開始轉型，由在家眾擔任社長，包含一些出版，也由在家眾做社長。積極進行的數位化，也由在家眾和出家眾一起合作。還有就是大師所說「共生吉祥」，我們開始積極跟國內外出版社，跟各個國家的圖書館、博物館，一起合作做一些事情，所以今年五月開始，跟全世界的百大學校，叫做渡輪大學，合作辦佛誕節，把佛教文化透過學者、藝術家、各個機構，四面八方的發展起來。

問：大師重視培養人才，也能夠識人用人，所以中青代法師從出家求學、培養能力，到為人間佛教奉獻，過程千錘百鍊，有很多的艱苦挑戰。聽說在出家的時候，大師曾經送給你十二個字，讓你做人做事有一個依歸，是嗎？

如常法師：是的，事實上佛光山成功的祕密，叫做「集體創作」，我看到大師用他的遠見，看出事情該怎麼做，然後把各種人才匯集在一起，快速的建立共識，然後執行到圓滿。出家這二十幾年來，我一次又一次看到這個值得學習的過程。剛出家的時候，我並不是很穩，也就是道心並不很堅定，這個考驗來自於我是大樹鄉的人。大家都知道，山下的人對山上並不好，山上的人對於山下也不能太多的諒解，所以我就夾在中間。當山下有什麼事情對山上不好的時候，師父就說你是大樹人，你要幫山上講幾句話，那我就會去山下做協調。但是山下的協調很困難，所以那時候師父說：「你就不要留在佛光山，你去台北吧。」我在學院還沒讀完書，在佛光山似乎也待不大下去，總覺得在大樹這個地方是我的家鄉，怎麼還待不安穩？我就寫了一封信給師父，師父把我叫過去，因為師父的辦公室法堂人多，他就把我帶著，到現在的雲居樓的停車場，那邊可以看見高屏溪。

師父說：「如常，你是大樹人，你明天就要去台北佛光會，你去做輔導法師，我只有一件事情交代你，如果你要還俗，你第一個要來告訴我。」那時候我嚇一大跳，我說：「師父，我沒有要還俗。」他說：「你一個鄉下的孩子去台北，我想你會面臨很多的考驗，但是我要特別告訴你，你一定要找我。」那時候我心裡面真不明白，台北到底是什麼樣子，會是什麼樣的情境之下，讓我的出家之路走不下去？我就問：「師父，你要我怎麼做？」他說：「我送你十二個字，這十二個字呢，也就只有四個字，但是你要每天反覆的去想，而且去這麼做。」我說：「好，弟子請師父開示。」師父就說：「十二個字，做做做，苦苦苦，等等等，忍忍忍。你去，第一件事，就是永遠說你的主管是對的；第二個，你的主管派給你什麼事情，你只能說好，不要拒絕他；第三個，你即使對你的主管有意見，在所有人面前你都要讚嘆你的主管，然後你還是要不斷的做。」師父又說：「你做的過程中，要很多的忍耐，很多人會批評你，很多信徒呢，都是老信徒了，都可以當你媽媽了，甚至當你的老師了，你要忍。你就是要心裡面覺得很苦，但是沒有關係，你要等，要等好因緣，你要等你自己的時間，有足夠的經歷，有一天你就可以做佛教更多的事。」我當時不明白，但是我答應師父兩件事，我說：「好，我知道，我若要還俗一定第一個來找師父。我一定會對我的主管說『是』。」一直到現在，這都給我很大的學習，也長養了我的忍耐力，十二字箴言，對我永遠很重要。

問：後來大師又是怎麼發現你可以去讀藝術研究所，送你去進修呢？

如常法師：我記得師父的《往事百語》裡面有一篇文章，叫做〈破銅爛鐵也能成鋼〉，那篇文章是大師講他對人才的運用。事實上我在佛光山的僧團裡面，並不是優秀的，也不是口才好的，學識上也不是頂尖的，可是大師會看到一個人的優潛能。我在幫師父做完《佛光教科書》的時候，他說：「你有美術的天分，應該再去讀書，讀個研究所。」我說：「師父，我來跟你出家，就是想要跟你學習佛法，並不是想要再去社會上讀書。」師父當時講了一句話，讓我印象深刻，他說：「你不要學歷，但是信徒要看學歷，所以你還是再去讀個研究所。」我就跟師父說：「我不見得能夠考得上，因為你要叫我跨領域的學習。」師父想了想，就叫我去找文化政策以及博物館學這個領域的學科。

有一天，又是把我帶在旁邊，從口袋抓了一把錢放在我手上，他說：「你現在就剩下半年要考試了，這些錢拿去買考試要讀的書。」我說：「師父，我如果考不上怎麼辦呢？我覺得很對不起你，這個錢也還不了你。」那時候是在十五年前吧，五千塊也不少啊！師父又跟我講一句話：「你也不要太有壓力，你要去考試，只有你知我知，如果沒考上，也沒有人知道，如果考上了，再跟大家宣布好了。」突然間我就覺得輕鬆了，因為沒人知道我要考試。結果我因緣很好，一放榜，我考上佛光大學藝術學研究所的第六名，大師就很高興，但是他又告訴我：「我不是叫你去讀書的，我是叫你去認識老師跟同學，因為研究所裡面有很多在職進修的，你必須有一些社會的朋友，你才能夠弘法，還有你必須有老師的資源，你才能夠弘法。」那時候我心裡想，師父你怎麼想得這麼遠，我的同學跟我的老師這麼了不起嗎？

果不出其然，馬英九時代的文化部長洪孟啟就是我的老師，台北市立美術館黃光男館長是我的老師，歷史博物館張譽騰館長也是我的老師，等到我做佛陀紀念館館長的時候，這一些前輩都是我的老師，所以很快的就把佛陀紀念館跟所有的博物館，跟文化界接上了線。我想十五年前，沒有人會想到星雲大師的遠見，連我自己都覺得驚訝。現在佛館跟台灣文化界的接軌非常順利，也是因為這一段善因緣。師父培養了我，我現在也希望能夠提拔佛光山年輕的一代，不管是出家眾、在家眾。我很感恩師父這樣栽培弟子，事實上我並不具備很好的資質，但是，就像他講的，「破銅爛鐵也能成鋼」。

問：大師已完成整個佛光山契合佛法的空間規畫，畫分佛、法、僧的三個部分是嗎？

如常法師：事實上它有更深的層次，叫做時間、空間，所產生的人間，在這個三間裡面，涵蓋大師弘法的一個組織，與整個大環境的對應。所以整個佛光山有佛陀紀念館，有藏經樓，有佛光山寺，統稱為佛光山。佛陀紀念館它必須對外，所以它是文化的，必須負起社會教化的一個責任，佛光山是信仰的，必須肩負起社會淨化和弘法的功能。教育的部分，佛光山也是一個研究機構，深入佛法精髓的地方，所以新建立藏經樓，做為經典收藏、傳承、弘揚的基地。佛光山寺則是根基最深、最穩，已培養出無數人才、安僧辦道的佛土。

這樣的一個規畫，基本上是大師自己建構的佛光山，在五十年之後，又重新解構再建構，所以這一段的過程，我們面臨到的是一個新時代，在組織上，人跟人之間，組織跟組織之間，我們跟信徒之間、跟社會之間，我覺得這五年可能是一個非常關鍵的融合期，所以我們也不斷的在思考走出未來的路。這兩年即使大師生病了，也常思考佛教的未來，目前佛光山也朝這個方向在努力。

二〇一八年三月採訪整理

傳遞佛法大智慧
——覺元法師

佛光山藏經樓堂主。

建完南台別院，我問師父可不可以請求閉關。「閉關？」師父眼睛瞪好大：「你才三十出頭，要閉什麼關？天地就是你的關房，眾生就是你的老師，關房就這麼小嗎？」

問：佛光山總本山及佛陀紀念館、藏經樓等，於近年陸續完成，二〇一七年佛光山開山五十年藏經樓建成後的任務是什麼？

覺元法師：大師在一九六七年五月十六日開山，最早是辦叢林學院及供僧眾修持，二〇一一年十二月，供奉佛牙舍利的佛陀紀念館落成，隔年藏經樓工程啟動，這時大師已經八十多歲了，雙眼視力幾近看不見，但是他憑著一生累積的建寺經驗，用耳、用身體、用感受去判斷，他叫侍者法師用規律的緩速推輪椅，以輪椅圓周的圈數測量，他就能知道長寬距離和空間，藏經樓的設計、工程，跟佛陀紀念館一樣，幾乎都是大師親自指導和帶領的。這中間有很多讓身為徒弟的感到不可思議，譬如從後山門要爬一些階梯到藏經樓前的「時教廣場」，大師為了不要讓訪客感覺直直上去一下子要爬那麼多階梯，就叫人在中間設計了一面「靈山勝境——佛陀說法圖」的照壁，階梯轉轉折折從兩邊慢慢上來，整個距離及階梯高度按照大師指示，結果一上來剛剛好就是一百零八階，這在佛教是大有含義的數字，太奇妙了！

上到「時教廣場」，向正對的高屏溪方向抬頭一看，山門牌樓上有大師親自寫的「如來一代時教」，意思就是兩千五百多年前，佛陀一生說法三藏十二部，開演八萬四千法門，穿越過去、現在、未來，真理永恆，全在此時此地。你再看遠方的蒼天白雲，高屏溪水悠悠長流，真的會很感動。

所以，大師說，佛如光、法如水、僧如田，藏經樓啟用後，佛光山現在「三寶」俱足，以一條路佛光大道串連起來了，希望來到的人都獲得加被及受用。

問：以前的寺廟叢林藏經樓是一般人不能隨便進入的「重地」，佛光山的藏經樓似乎不同？

覺元法師：過去具有規模的叢林，都會有「藏經閣」，負責的就叫「藏主」，藏主在佛門所謂的叢林四十八單裡面，位階相當高，為什麼？因為他必須精通經律論。佛光山的藏經樓其實也收集很多歷代的《大藏經》，譬如《房山石經》、《磧砂大藏經》、《乾隆大藏經》、《嘉興大藏經》，以及佛光山多年來編藏處努力的《佛光大藏經》，有《禪藏》、《般若藏》、《法華藏》、《唯識藏》、《華嚴藏》等等，這些《大藏經》都會收藏在我們的藏經閣，也就是藏經樓的四樓，提供給僧信二眾來這裡閱藏。只要事先提出申請，都可以來這裡閱藏。

另外，藏經樓有一個更重要的使命，就是要帶領大家一起來研究人間佛教。我們知道佛陀之所以出家，是為了探索人生的真理，他發現了真理，說法四十九年，留下了我們現在看到的三藏十二部經典，都是佛陀的言教，這就是法的重要性。

大師推動人間佛教，他說他人生最努力的一件事情，就是寫讓大家看得懂的佛書，說讓大家聽得懂的佛法。所以藏經樓將大師出家八十年，講述人間佛教所匯集的《星雲大師全集》典藏在此，現在各個大學圖書館也都有這一套書，可以說是顯而易懂，更能夠讓人們受用的佛法。所以人間佛教的發揚，也是藏經樓很重要的工作和使命。這裡有一個「人間佛教研究院」，除了出家法師來研究人間佛教，結集人間佛教之外，還透過學術的高度，讓兩岸三地的學者，一起來討論、一起來撰寫人間佛教的學術論文，從二〇一三到二〇一八年，五年當中有計畫的請碩博士生，或是各大學的教授，一起來撰寫。目前已經有超過五百位的學者，發表了關於人間佛教的研究成果。這個法的沿傳，會是藏經樓很重要的一環。

另外，就是有關於譯經。《大藏經》是梵文漢譯，現在我們也把《佛光大藏經》翻譯成英文，希望有更多的人能夠了解佛法而受益。目前這裡有國際的研究中心，除了《佛光大藏經》英譯外，還有兩個重要任務，就是將大師的著作翻譯成英文，把《佛光大辭典》翻譯成英文，「人間佛教研究院」副院長妙光法師帶領擔負起這艱鉅的工作。妙光法師在二〇一五年就開始有計畫的到全世界去舉辦英文讀書會，主要就是讀大師的著作，譬如《釋迦牟尼佛傳》等等已經英譯完成的著作，讀書會的青年朋友本身語言能力就很強，逐漸又懂得佛法，未來就有更多口譯或翻譯的人才。其實最近三年，全世界已經有兩百多位青年一起來參與研究中心的翻譯工作，我們也聘請了世界知名的佛學大師為指導顧問，譬如美國加州大學伯克萊分校東亞語文系的蘭卡斯特（Lewis R. Lancaster）教授，他是研究藏經版本的專家，也是當代佛教經典電子化、數位化的開創者，青年們求法相當投入，可以為了一個佛教的名相，在視訊當中，一整個早上一直推敲、請教，想如何翻譯得更如法、更精準，整個早上視訊完之後，還不一定能夠找到答案。所以藏經樓也包含了教育的工作，尤其是研究及培養人才的工作。

問：我們知道大師一向最重視教育，佛光山教育體系的完整受到許多稱讚，現在藏經樓也承擔一部分責任？

覺元法師：佛光山的四大宗旨，其中之一就是「以教育培養人才」，佛光山開山的第一棟的建築物，不是寺廟殿堂大雄寶殿，而是叢林學院，也就是佛學院，大師認為教育是所有一切的根本。可是教育無法立竿見影，它需要時間，所謂十年樹木，百年樹人，大師朝教育方向早早打下根基，所以才能在全世界分布三百多個道場，來自各個國家的有緣人，都投入弘揚人間佛教的工作。藏經樓現在也來實踐師父教育的工作，我們分為僧伽教育、社會教育和信徒的教育。

先說僧伽教育，我們還沒有到各地去任職的時候，哪怕你已經有了各個領域的歷練，回到了佛教，就是從零開始，要從人格的培養、僧格的培養、聖格的培養，才有可能到佛格的培養。我們在叢林學院，有來自大學、碩士、博士，甚至各業界的翹楚，來到佛光山就讀叢林學院，就是從養成教育開始。

我剛來佛光山的時候，學的就是教育的領域，也沒有想到我出家之後，除了讀叢林學院，大師還栽培我去讀南華大學的佛教學研究所。我想這是師父為了教育不惜一切，佛光山各個地方都那麼需要人來承擔工作，可是他覺得教育刻不容緩，叢林學院很多佛光子弟，都被送去讀研究所。當時我們在那邊，課程其實跟碩士班學生一樣，但我們背後有更深層的一種使命感、榮譽感，如果別人梵文考八十分，我們就要考九十分，大師也讓我們早早選定好研究方向，訂下一個目標，如果一般學生讀兩年，寫論文一年，佛光子弟就是讀兩年，論文也在讀書期間就要寫出來，讓我們懂得掌握時間，不容許浪費。所以讀研究所也是分秒必爭，尤其星期六、日，別的同學很多都在圖書館找資料、讀書，佛光子弟則在校園裡面接待很多百萬人興學委員，因為大師希望我們是「做中學」，不只會讀書，還要會做人做事。

佛光山的五個大學可以說是百萬信眾一個月一百塊護持起來的，大師希望他們能夠了解大學現在建得怎麼樣，所以六、日很多功德主就會來參訪，我常常是帶領六部遊覽車的信眾，一棟一棟的去介紹，哪一棟是教學大樓，哪一棟是圖書館，讓他們感受到他所做的布施，都有實質的歡喜、法喜。那麼人來到這裡，當然不只是介紹，要準備用餐，要安排住宿，招待的事情，大師都是要求一定的水準，所以大概也用掉了全部六、日的時間了。正因為時間緊迫，使得我們更珍惜，兩年內把學業完成，論文也寫出來了。

我研究的是天台這個領域，從大師的《往事百語》來研究天台的理論與實踐，從四念處觀來做探討，也就是說我們讀的經典，在大師的《往事百語》——一百句的人生哲學裡面，他不只是說出來，最重要的是他實踐出來，而且一輩子實踐。讓人們對修行這件事，看到一個實例，有典範可以學習。

當時的做事訓練真的非常重要，畢業後我被派到台南，要去建南台別院，我讀教育的，說穿了就是個文人，建寺對我真是大挑戰。那一塊地是法拍的，如何去參與法拍，如何知道資訊、方法，怎麼切入，乃至於社會的因緣在哪裡？寺怎麼建？打開平面圖，連看都看不懂，合約書來了，一字之差可能失之千里，不能因為個人的無知，而讓常住、讓佛光山蒙受損失，這樣的壓力與責任，開頭真覺得擔待不起。可是我從這裡感受到，大師是讓我們去體會因緣的重要跟集體創作，因為我對建築不懂，而建築也不是三兩天就能弄明白的，大師教會我一件事，佛光山信眾來自士農工商三百六十行，如果我平日對人多關心、多結緣，我可能就會知道這個領域的人在哪裡。他們都是佛教徒，以護法的心來護持，所以在建寺的過程中，就設法找到一個建築團隊作顧問。法律的部分，也在信徒中找到律師，而且是對建築法規很懂的律師，很多合約就拜託他們幫忙細看。之後，再跟營造廠、設計者做討論。這整個過程，我覺得大師讓我承擔一份工作，從中發覺自己的不足，因為自覺不足，更會去關懷十方的因緣，知道謙卑，知道做事中學習做人處事，學習集體創作。

問：建好了寺院，依佛光山的規矩，應該就離開了吧。

覺元法師：佛光山是這樣，建好了寺院，這寺院不是你的。因為人都會有一個習慣，一磚一瓦都是自己辛苦打點起來的，揮汗如雨，就會覺得這個地方是我的。那麼佛光山的教育是，你蓋的也不是你的，蓋好之後要寫辭呈，等著下一任的人來當住持，但我們都明白，師父要我們學習無我。我記得當時南台別院建好，我就寫了辭呈，跟大師說：「師父，我建寺已經建好了，現在按規矩交出來，那後續的裝修就由下一任的住持來接管，因為他要使用，他才會知道如何裝修。」我遞上辭呈，大師就說：「你下一站想去哪裡？」我說：「隨常住安排，常住讓我去哪兒，我就去哪兒，就像師父一樣，像雲、像水一樣，雲所飄之處，水所流之處，都是我們的緣分，所以沒有一定要去哪裡。」大師就說：「你這麼辛苦的建寺，你可以提提你的想法，依不依，那是常住的安排。」我心裡就想，那我可以講，我一定要好好表達一下。我就跟師父說：「我來台南七年八個月有五年在建寺，我想好好的靜下來進修、閱藏，那我可不可以請求閉關？」「閉關？」大師眼睛瞪好大：「你才三十出頭，要閉什麼關？天地就是你的關房，眾生就是你的老師，你這麼年輕可以提閉關嗎？」我突然間好像狠狠的被打了一棍，是啊，關房就這麼小嗎？天地之大，都是我的關房，要在第一線成就更多的事情，要去佛學講座，要領眾薰修，那你就更加精進，更加努力，搶時間讀書、閱藏，眾生就是逼著你成長的老師。當下，我打消了閉關的念頭，離開台南後，調去台北道場十年歲月，服務大眾，中間也有處理棘手狀況要從文人變成怒目金剛的時候，有這樣的學習歷程，又增進了更多的生命的體會，更體悟到師父當時的教誨。

問： 所以你回來負責藏經樓，是歷練二十年之後，再回到教育的領域？

覺元法師： 藏經樓在僧伽教育有一個重要的工作，就是在職訓練，其實也一圓當時我想要閉關的想法。大師說：「這是我給徒弟們的一份禮物。」因為所有在外面領職超過五年的法師，就可以有條件的申請來這裡閉關，來這裡上課，所以有徒眾短期的研究班，讓來的人萬緣放下，像結界一樣，放下手機，放下寺務的一切。早上安排課程，譬如請學者來講佛教文獻學、佛教研究方法論，乃至隋唐佛教史、明清佛教史，或者請大師、長老、佛光山的大執事們來講課，整個下午就是自修閱藏，或是讀書。晚上會有一個小組座談，有點像小參，大家可以彼此互通學習的心得。這樣完整的兩個禮拜像閉關一樣，全世界的法師們、徒眾們都可以來申請。

我們一年有四個班，春夏秋冬，分別在四月、六月、九月、十二月，同一個單位大家就輪流，各地的寺務、工作，仍然正常運作著，可以說每一個人成就每一個人，都有機會回來閉關，做兩個禮拜的短期研究。像上一期六月夏季班，就有海外五個國家的法師，和台灣各地方的法師回來藏經樓，做短期研究閉關，吃住作息都在這裡，不能走出去藏經樓以外的地方。我想這也是大師知道弟子們在全世界弘法的辛苦，讓他們能夠稍作休息、沉澱、進修，然後再出發。這也是僧伽教育很重要的一環。

問：藏經樓在社會教育和信徒的教育，扮演什麼角色？

覺元法師：佛光山有幼稚園、國小、國中、高中，乃至於大學，所有這些社會教育體系的工作，都有專門負責的人，早已做了許多年，藏經樓能夠做的，也是為師資的進修、人才的培育盡一份心力。譬如師資的相互交流，教材資源的分享，使從事教育的人，也能夠在藏經樓這個地方得到力量。

至於信眾的教育，現在藏經樓設立了大師的「一筆字」教室，從「一筆字」的教學當中，引導信眾在字裡行間去讀出佛教的道理，甚至去研究佛學。把大堂石刻的「一筆字」和教室的「一筆字」真跡整個讀完，就像參加了一場完整的人間佛教佛學講座，來到裡間這個像書房的地方，你可以靜下心來，看看陳列的《星雲大師全集》、《白話經典寶藏》，還有適合不同年齡、程度的佛教著作，你願意，都可以拿下來好好研讀。你也可以選擇抄經，抄《心經》，乃至於大師的《十修歌》。最近成大有一個文物保存數位典藏的碩博士班，由教授帶來這裡做「一筆字」的教學，紛紛都想要抄經，一半以上的人都想抄大師的《十修歌》，他們覺得這個《十修歌》就是講做人處事、進退應對，簡單易懂很受用。抄完之後他們捲一捲帶回去做紀念，有人就直接裱框，放在研究室，天天讀一遍，這就不只是抄經，而是成為人生的座右銘，慢慢內化到他的生命裡，如果有一天他能用出來，就是人間佛教教化的功能。在體驗的過程當中，有的人他不抄經，我們也設有茶席區，大家坐下來，將這兩、三個小時「一筆字」的教學，一切的感受，人生的問題，可以跟法師們透過茶席的時間討論，這個環境很優雅，茶道、香道、花道、談經論道，論出人生的領悟，不只是感動一時，更希望他走出這個門的時候，是帶著人生的一種態度，一種觀念，實踐出來，受用一生。

這些過程其實是方便社會大眾，是學程的其中一站，上到四樓叫「藏經閣」，也有教育的功能，但它更嚴謹，並不是走一圈，想要抄什麼就來抄一下，也不能在這裡拿本經書看一看就放回去，這樣的態度太隨便。四樓的藏經閣目前還在準備中，未來開放的話，每一個人是帶著莊嚴的心來求法，身著我們所規定的衣服，然後坐下來焚香，由法師帶領引導抄一部經，而且是比較長一點的一部經，之後閱藏，裡面完全是禁語的，你今天要讀的是《唯識藏》，你可以請一部《唯識藏》來看，你想讀《佛光大藏經》的《禪藏》，你可以請一本，好好的、安靜的披閱。在整個閱藏圓滿之後，很莊嚴的闔上經書，將書請上藏經閣的櫃子，很安靜的走出來，然後把閱藏的衣服交回，之後再有一個小組的座談。所以四樓的藏經閣是比較莊嚴肅穆的，預約也會有更嚴格的要求。要事先登記預訂，然後排時間，可以個人來，一個、兩個，不一定跟團體，如果是一個人、兩個人來，事先登記了，我們也好安排個人間，可以安靜的好好閱藏。

問：現在一般信眾來藏經樓，他們最感興趣的是什麼？

覺元法師：藏經樓的「一筆字」教室裡，有一幅占了整面長牆，大師用一天時間一氣呵成寫的真跡「對治百法」，這是唯一的一幅，別處看不見。大師寫這幅字已是九十多高齡，坐在輪椅上，在視力模糊幾乎完全看不到的狀態下完成它，他貫注的精神和毅力，真是不可思議，現在等於是藏經樓很重要的墨寶、法寶。

大師的「一筆字」，不只是書法藝術，更重要的它是佛學、哲學，甚至是一種生命的教育，大師透過「一筆字」的書法墨跡，除了傳達他弘法的願心之外，最重要的是希望所有見者聞者，能夠得到生命的答案。這幅字寫的「對治百法」，其實是佛教一個很重要的法門，譬如說一個人散亂心，就教你念佛觀；一個人瞋恨心，就告訴你慈悲觀；有的人可能比較容易起貪戀，它教你觀因緣；世間一切煩惱它都有一定的對治的方法。所謂五停心觀、四念處觀，像觀身不淨、觀心無常、觀受是苦、觀法無我，相應的觀法，就像是良藥、法藥，可以去對治人的心病，這也是大師對佛法的一種新的詮釋，他講的不只是五停心觀，不只是四念處觀，他衍生出詳細的一百個對治的方法，讓大家更容易了解，直接取用。譬如說，以真誠來對治虛假，有的人看到了之後就會自我反省，當別人對我虛情假意的時候，我同樣用虛假敷衍他嗎？還是說我以真誠對應，那是一種對自我的要求，說不定久了也會感動他真誠以待。

曾經有一個人來這裡，看到了「以清淨來對治染汙」，他就覺受到，永遠用一份清淨的心，去對治自己念頭的染汙，就能解脫煩惱。清淨的心，就是不忘初心，當別人對我們毀謗中傷，真心換絕情的時候，就回到初心，用一顆清淨的心，就能對治後來衍生的瞋恨、埋怨的種種染汙，煩惱即歇。

大師把一百種對治的方法寫出來，曾經有好幾位政界、企業界的人士來看，他們都很認真的一幅一幅抄下來，覺得這個太好了，那麼淺而易懂，卻能夠時時回應到生命，給自己提個醒，要懂得轉念，要適時回頭轉身。

似乎每個人都找得到對自己很重要的一幅，也因為大家都好喜歡，恨不得把它拍下來，因此藏經樓就印了這樣一本小叢書，收進大師寫人間佛教「治心十法」的一篇文章，後面就有個拉頁，印出藏經樓「一筆字」教室所展示的「對治百法」，一百帖良藥，一百個對治的方法，來教會我們面對人生，使生命更歡喜。

問：藏經樓《星雲大師全集》，有三百六十五冊，能介紹我們怎麼閱讀嗎？

覺元法師：三百六十五冊看起來規模很大，如果有計畫的一天讀一本，一年就讀完了。那麼一天能夠讀一本書嗎？我想也是看個人的毅力。這套全集分為十二大類，內容有三千萬字，總共有五萬個條目，可以說把大師出家八十年所有的言教，有系統的做了很重要的第一次結集，讓人們在研究人間佛教的時候，有脈絡的去了解大師的弘法當中一個理論的架構。全集的內容包羅萬象，有論叢，有大師多年來的演講集，還有大師很多的書信。研究者可以從大師的書信往返裡，看見大師這一輩子結了太多太多的緣，大師不只跟一般所謂的社會上流人士往來，更多的是平民百姓，他們對大師的各種請求，透過書信，可以說是「觀其音聲即得解脫」，每一個人都能得到大師的一個回應，甚至好多人都受到大師的幫助。在書信的來往裡面，也看到大師的有教無類，誨人不倦，他所有的教育，所有修行的體現，在書信裡面都可以看得清晰明白。全集也收入佛光山的教科書，它是大師花了許多心力編寫，有系統的讓我們了解整個佛教的教理，乃至於佛教跟這個社會世學怎麼做結合。實用的佛教，佛法是要去實踐出來，如何實用？譬如說佛教與教育、佛教與舞蹈、佛教與農業、佛教與地理風水、佛教與心理諮商……，可以說佛教跟我們人生所有相關的一切，在這裡面都可以看得到。甚至於大師多年來的演講集，主題涵蓋人生的方方面面，包羅萬象，演講內容多元，而且非常活潑，看了就能體會到，為什麼大師說的人間佛教，能引起男女老少、社會各方長期的、廣泛的共鳴。

雖然這套書絕對是藏經樓很重要的法寶，但並不一定非要到藏經樓才看得到。我們已推向圖書館，也推廣到家庭。大師知道一般家庭沒有如此大的一面牆，可以陳列三百六十五本書，就交代工作人員去思考，如果放在人家的家裡，或者是公司的角落，不要讓人家感受到有一種負擔，去研究一種只要占用一個柱子空間的書架，讓人家方便陳列。果然，旋轉式的書架做出來了，四個面，可以旋轉幾層，剛好三百六十五冊全部陳列，非常圓滿。從這套全集如何收藏，也看到大師做任何事的用心與智慧。

當然，如果年輕人站在這個全集前面，浩瀚無垠的佛法，哪一本才是他現在正需要的？所以我們就開始了這套電子書的關鍵字搜尋，譬如一位大學生，遇到了愛情的難題，想知道星雲大師怎麼說，無論一句話，一個觀念，乃至於一篇文章，都可以透過關鍵字搜尋找到大師的說法。目前是國家圖書館在幫我們做整個文字的建立，以及搜尋介面，我相信大師的這一個全集，在未來對人間佛教的研究或傳播，還有更多的可能性，等待我們去發掘。

二〇一八年七月採訪整理

累積人緣、善緣、佛緣
——妙穆法師

新加坡佛光山副住持。

大師對於新加坡弘法，一開始就給了明確的方向，第一個是傳統跟現代融合，這「現代」的含意，就包括了國際化。

就像佛法講的，「先以欲鉤牽，然後令入佛智」，因為人間佛教原本就是從生活中最容易進入，最容易接受的，我們所做的一切，也就是遵循了「佛說的」、「人要的」原則。

問： 法師是新加坡人，聽說你四十二歲才決定出家，人生走到中途，為什麼會有這麼大的轉變？

妙穆法師： 因緣所生吧。出家前我在保險業做了十七年，慢慢領悟到，在世間賣的人身保險，是給人家家庭的一個保障，是有形的，這還不夠；應該要給人家智慧保險，譬如學佛，更能夠處理人生的一些問題，它是無形的保障。

問： 為什麼會生起這個想法？

妙穆法師： 新加坡是一個高度發展的地方，所以教育程度普遍也很高，不過在專業領域裡面懂很多的人，處理人生的問題，可能還是需要佛法，比如一個專業的律師，也可能碰到法律沒有辦法圓滿解決的事，佛法的圓融思考會有幫助。

問： 當時是如何追隨星雲大師出家的？

妙穆法師：我是依規定進入佛光山佛學院就讀，兩年後出家。在這之前，當然讀過大師的一些著作，早期新加坡雖然沒有佛光山寺院，大師的書卻流通相當普遍，因為大師早在一九六三年，就跟著「佛教訪問團」到東南亞來訪問，當時大師看到新加坡已經有多位大德法師在這裡弘法，比如：隆根長老、演培長老、宏船長老……等等，所以大師覺得佛光山就不需要在這邊設立道場。但到了一九九七年，因為香港回歸大陸，之前有不少國外的學生，他們要到台灣去讀書，不論是念佛學院或是去做研究，他們的簽證都在香港辦，香港回歸之後，就要另外找一個地方設辦公室，大師就選擇在新加坡。一九九六年，大師派滿可法師到這裡，因為大師的威德和滿可法師的用心，當時就度了好多青年回去山上讀書，本地信徒也愈來愈多，信徒們多次提出，希望大師能夠在新加坡這邊設立一個道場。最初租了一個小小的地方，很快不夠用，一直到租借五千五百平方尺的輕工業工廠，還是不夠用，大師就跟滿可法師講，必須要找一塊地，自己建道場。二〇〇四年，我們就標到目前的這一塊地方興建新加坡佛光山，二〇〇八年開幕啟用，到現在十多年了。

問：新加坡寸土寸金，是高度國際化、商業化的國家，而且似乎也不缺宗教，那麼人間佛教是如何在這裡立足發展的？

妙穆法師：新加坡很小，小到世界地圖上幾乎找不到，只有一個小紅點，可是它的地理位置和國際功能又很重要。這麼小的地方因為重要，所以境內有兩百六十多個道場，除了早期佛教法師大德設的寺院精舍，來到這邊的藏傳佛教、南傳佛教也很多，但是多年來新加坡人對佛教其實並不真正的很認識，仍以為佛法就是出離現實、高深莫測的教理，很多人心理上也保持一定的距離，似乎佛教與他們追求的現代理性精英生活還無法融入。我是新加坡本地人，前半輩子在社會職場上，對本地社會有一定的了解，新加坡佛光山設立的第四年我就被派回家鄉，深深感覺大師提倡的人間佛教，是非常適合新加坡的。

大師對於新加坡弘法，一開始就給了明確的方向，第一個是傳統跟現代融合，這「現代」的含意，就包括了國際化。新加坡人本身就是以國際化為傲的，國際上有很多的重要會議或活動，會選擇在新加坡舉辦，而佛光山人間佛教步入二十一世紀以後，已經完全有國際化道場的形象與能力，譬如二〇一三年開始，我們辦「人間佛教青年論壇」，邀請了世界各地的青年，用中英兩種語文來發表他們的論文，到二〇一九年共舉辦了五屆，人數最多的時候有十六個國家的青年，從世界各地包括斯里蘭卡、印度、尼泊爾、不丹這些佛教國家的青年，都來新加坡發表，我們也請到包括美國的國際知名教授做評審，為他們這個專題做講演，並希望安排再看他們的作品，然後再做修改，給參與的青年更多的提升。

第二個方向，行持與慧解並重，「慧解」這兩個字其實就很有意思了，譬如說新加坡有很多金融業的人，很多在他專業領域都還不錯的人，如何讓他們慧解之後真正的並重修持，佛法的學習就要有深度及持續的規畫。譬如我們二〇〇二年還在租借場地的時候，就成立了讀書會，這個讀書會是有儀式的，是長久的課程，是讀大師的白話經典，今年選《楞嚴經》來讀，就要讀兩年，兩年可以說還是很皮毛而已。一般來上這個課程的人，其實有一些在佛學上已經接觸十多年了，他們對佛法也有一定的基礎與認識，《楞嚴經》不容易講也不容易懂，它是心性的東西，只能夠用生活裡面的事件來舉例，到底這一段話佛陀要傳達給我們的是什麼。沒想到這個讀經典的課程能夠度到一些高層知識份子，有律師來上課後成為我們這邊的義工，也有醫師長期到這裡來學習佛法。

為了與讀書會課程搭配，從一開始就規畫了自己的圖書館，現在盡場地所能容納，大概不下兩萬本書，主要收集大師的著作，還有其他高僧大德的書，英文書也不少，因為地方實在有限，沒辦法提供在現場長時間閱讀，可以借書回去，就是要配合熱心的義工的服務時間，所以平日的白天無法開放，只有星期六借書還書，是有一點可惜，人力足夠便能發揮更大的作用。

問：新加坡在華人世界裡，它是一個很被嚮往的地方，台灣一些年輕人認為在新加坡能找到工作的話，就是不錯的發展，對於未來可能有更多的新移民，法師有沒有什麼計畫和目標？

妙穆法師：應該說一直以來已經在做了。新加坡對於移民滿開放的，如果有專業的技能它都很歡迎，所以近年有很多來自台灣、香港、中國大陸的這些華人到新加坡來，我們道場也有不少新定居的華僑，為這些家庭，我們做了整套規畫。從小朋友開始，有「慈愛三好幼稚園」；孩子進到小學之後，一年級到六年級，開設了課外兒童班；到了中學，有少年班；入了大學或者開始工作，就參加青年團；到他們三十五歲之後，有一些就會進入佛光協會，所以這是做整個生涯學習的配套，希望用人間佛教生活化的佛法，讓移民生活過得更平安順利。

問：這邊的家庭參與的多嗎？或者說效果如何？

妙穆法師：普遍的說現在都是「少子化」了，「慈愛三好幼稚園」這學期有七十五位小朋友，我們聘請了十五位老師，有一位法師是專門負責幼稚園這一塊，他每一星期最少都要到那邊三天。今年來七十五位小朋友等於跟七十五個家庭新結緣，不論這些家庭是否立刻有需要，我們老早開設了許多社教課程在那裡，有四十多種，譬如親子書法班、插花班、抄經班、家長讀書會……等等，無論哪個年齡層，都能夠找到適合的社教的學習、佛法的學習。時間也按個人需要選擇，譬如星期二或者星期三的早上，來上課的多數都是家庭主婦或退休人士，因為其他的人要上班。六、日主要就是兒童班、少年班，現在兒童班不同時段加起來有三百三十多個學生，少年班有一百多個學生，星期六晚上同時有家長讀書會，就是希望親子一起來學佛，家長把孩子送過來，順便也留下來一起讀書。

問：為家庭的需要能設想的幾乎都做了，而且也累積了超過二十年，難怪衛塞節的時候，可以有一千個人來用餐，參加活動。

妙穆法師：新加坡人很務實，我對家鄉畢竟比較熟悉，懂得這邊人的習性，就比較容易跟他們溝通，也知道他們要些什麼，就像佛法講的，「先以欲鉤牽，然後令入佛智」，先把他們接引進來，再慢慢的給他們佛法，所以大師同時推動國際化、本土化是非常重要的。當然，因為人間佛教原本就是從生活中最容易進入，最容易接受的，我們所做的一切，也就是遵循了「佛說的」、「人要的」原則。

問：新加坡是一個具競爭力，相對公權力也很強勢的國家，對宗教的開放、弘法的便利，是否因一定的限制而增加難度？

妙穆法師：政府對公共事務或公共集會是有較嚴格的規範，譬如我們辦活動要到外面去張貼海報是不允許的，就是在一些公共場所貼法語，也都有所限制。其實我們跟政府的互動滿多的，他們也很肯定佛光山是正信佛教的道場，做的是淨化人心的教育，但是礙於這裡有不同的宗教，他們允許佛教去做，其他宗教也來要求的話，真的是會頭痛。我舉一個很簡單的例子，我們都很希望到各級學校舉辦佛學活動，但是學校不敢接受，就連我們的「慈愛三好學校」要辦畢業典禮，跟隔壁的學校借禮堂，也只借了一次，後來就說不方便了，為什麼？因為它開放給我們，其他宗教過去借，它也得開放，所以乾脆省去麻煩。在這一方面，我們只能遵照規範。舉辦浴佛法會之類的大型活動，早早就去申請報備，也曾經在附近的地鐵站那邊搭了很大的棚，三天的活動有上萬人進進出出。總之也就是盡可能克服限制，把佛法帶到群眾中。

問：對於未來人間佛教在新加坡的發展，有什麼期望？

妙穆法師：我回想起來，新加坡道場最初是要做一個辦公室，做一個中介站，後來也在種種限制的夾縫裡面發展，可見事在人為。未來有幾個重點：一是積極參與政府每年舉辦的種族和諧、宗教和諧的活動；二是結合華人傳統的節慶、佛教的節慶，跟鄰里部門合作「送佛到你家」，把大師的春聯、法語，送到家裡。三是與本地媒體、出版合作，推廣弘揚人間佛教相關著作，大師的書在這裡一直都很受歡迎，過去《新民日報》也有各種形式的刊登，可以繼續加強。讓累積的人緣、善緣、佛緣，在這片小小土地，生根成長，發揮人間佛教的影響力。

二〇一八年六月採訪
二〇一九年整理

不忘初心

二〇〇〇年

星雲

社會人文 BGB490

星雲大師與佛光山弟子們

*原書名：《星雲大師的傳承：人間佛教的集體創作》，本書為增訂版

國家圖書館出版品預行編目 (CIP) 資料

星雲大師與佛光山弟子們 / 星雲大師等作；項秋萍主編. -- 第一版. -- 臺北市：遠見天下文化, 2020.04
面；　公分. --（社會人文；BGB490)
ISBN 978-986-479-979-4（平裝）

1. 佛教　2. 文集

220.7　　109004722

作者與受訪者 ── 星雲大師、心保和尚、心定法師、慈惠法師、慈容法師、依空法師、蕭碧霞師姑、慧傳法師、永光法師、慧東法師、慧顯法師、滿謙法師、滿潤法師、覺培法師、覺誠法師、妙士法師、如常法師、覺元法師、妙穆法師

總策畫 ── 高希均、王力行

總編輯 ── 吳佩穎
執行主編／採訪暨文稿構成 ── 項秋萍（特約）
責任編輯 ── 賴仕豪、陳珮真
美術指導 ── 張治倫（特約）
封面設計 ── 張治倫、李建邦
封面攝影 ── 楊棟樑
內頁美術設計 ── 張治倫工作室 林姿婷（特約）
內頁圖片提供 ── 佛光山法堂書記室、慧延法師、高希均、王力行、遠見創意製作、楊永妙、楊棟樑

出版者 ── 遠見天下文化出版股份有限公司
創辦人 ── 高希均、王力行
遠見・天下文化・事業群　董事長 ── 高希均
事業群發行人／CEO ── 王力行
天下文化社長 ── 林天來
天下文化總經理 ── 林芳燕
國際事務開發部兼版權中心總監 ── 潘欣
法律顧問 ── 理律法律事務所陳長文律師
著作權顧問 ── 魏啟翔律師
地址 ── 臺北市 104 松江路 93 巷 1 號
讀者服務專線 ── 02-2662-0012｜傳真 ── 02-2662-0007, 02-2662-0009
電子郵件信箱 ── cwpc@cwgv.com.tw
直接郵撥帳號 ── 1326703-6 號　遠見天下文化出版股份有限公司

電腦排版 ── 極翔企業有限公司
製版廠 ── 東豪印刷事業有限公司
印刷廠 ── 立龍藝術印刷股份有限公司
裝訂廠 ── 中原造像股份有限公司
登記證 ── 局版台業字第 2517 號
總經銷 ── 大和書報圖書股份有限公司｜電話／ 02-8990-2588
出版日期 ── 2021 年 5 月 17 日第一版第 8 次印行

定價 ── NT 800 元
ISBN ── 978-986-479-979-4
書號 ── BGB490
天下文化官網 ── bookzone.cwgv.com.tw